Eberhard Troeger

Der Islam und die Gewalt

BRUNNEN
Verlag GmbH · Giessen

Kapitel 2, 6, 9, 11, 12 wurden leicht überarbeitet und aktualisiert
entnommen aus: E. Troeger, Der Islam bei uns, Gießen 2007.

Auch als E-Book erhältlich:
ISBN 978-3-7655-7384-2

© 2016 Brunnen Verlag Gießen
www.brunnen-verlag.de
Umschlagfoto: picture alliance/dpa; Yarygin/shutterstock
Umschlaggestaltung: Jonathan Maul
Satz: Uhl + Massopust, Aalen
Druck: CPI – Ebner & Spiegel, Ulm
ISBN 978-3-7655-4287-9

Inhalt

Vorwort

Die Zunahme von Gewalt im Namen des Islams ist höchst beunruhigend. Die Gräueltaten des „Islamischen Staates" und der sich zu ihm bekennenden Gruppen haben viele Menschen aufgeschreckt.

Gleichzeitig beschwichtigen Vertreter muslimischer Verbände und erklären, dass die Untaten muslimischer Djihadisten nichts mit dem Islam zu tun hätten. Islam heiße Friede und die wahren Muslime setzten sich für den Frieden ein.

Um diese Diskrepanz zwischen blutiger Realität und friedlichem Anspruch zu verstehen, ist ein Blick in die Quellen des Islams und in seine Geschichte notwendig.

Da sich die muslimische Weltgemeinschaft immer als politische Größe verstand, war für sie die Anwendung von Gewalt selbstverständlich. Die Regeln dafür diskutierten Juristen in ihren Kommentaren und maßgebliche Autoritäten bemühten sich um einen Konsens. Diese gelehrten Diskussionen geschahen aber weitgehend fern der politischen Realität. In der modernen Welt sind sie endgültig belanglos geworden.

Das Verhältnis zwischen Islam und Staat sowie zwischen Glaube und Gewalt wird im Raum des Islams heute höchst unterschiedlich gesehen.

Westliche Politiker fordern, die muslimische Weltgemeinschaft müsse dringend ihr Verhältnis zur Gewalt klären. Wissen sie, was sie damit tun? Sie fordern nichts anderes, als dass sich Muslime[1] von wesentlichen Aussagen ihrer Basistexte verabschieden und ihre gesamte Geschichte einer kritischen Bewertung unterziehen. In der muslimischen Rechtswissenschaft herrschte bisher weitgehend Übereinstimmung, dass für die Rechtsfindung die späten Korantexte die eigentlich wichtigen sind: Die religiösen Passagen aus Mohammeds Zeit in Mekka sind durch die späteren, politisch und kämpferisch geprägten Aussagen von Medina abgelöst worden. Sollen sich Muslime davon nun lossagen und nur noch die frühen Texte gelten lassen? Das wäre eine Wendung um 180 Grad! Vielleicht können nur bekennende Christen diese Zumutung verstehen. Denn im Blick auf die Bibel wird ja in ähnlicher Weise argumentiert, dass viele Aussagen dem modernen Menschen nicht mehr zugemutet werden können.

Die im Westen erhobenen Forderungen sind noch aus einem anderen Grund unrealistisch. Wie sollte die muslimische Gemeinschaft denn eine Übereinstimmung erreichen? Sie kennt keine Instanzen (Konzilien, Synoden usw.), die verbindlich über Lehre und Recht beschließen könnten. Sie gleicht eher einem breiten Strom, in dem es eine Hauptströmung und viele Nebenströmungen gibt. Es hat im Laufe der Geschichte immer Gruppen und Bewegungen gegeben, die sich nicht an Mehrheitsmeinungen hielten und für sich ein Eigenrecht zur Auslegung der Quellen in Anspruch nahmen. In dieser Tradition han-

---

[1] Aus Gründen der Lesbarkeit verwende ich die herkömmliche Ausdrucksweise und gehe davon aus, dass mit „Muslimen" immer auch „Musliminnen" gemeint sind.

6

deln die gegenwärtigen djihadistischen und terroristischen Gruppen.

Selbstverständlich gibt es einzelne muslimische Denker, die sowohl die Quellen als auch die Frühgeschichte einer neuen Bewertung unterziehen und den Islam auf seine religiös-friedliche Komponente beschränken. Sie sehen in ihrem „amputierten Islam" eine grundsätzlich auf Frieden bedachte Religion. Aber darüber eine Mehrheitsmeinung oder gar eine Übereinstimmung zu finden, dürfte unmöglich sein. Denn das hieße, sich von Texten zu distanzieren, die als autoritatives Wort Allahs gelten. Man würde die Basis des Islams aufgeben, wenn man sich einigte, die zur Gewalt aufrufenden Korantexte für überholt zu erklären.

In diesem Buch versuche ich, im Rückgriff auf Koran[2] und Geschichte einige Schneisen zum Verständnis der gegenwärtigen Vorgänge zu schlagen. Die einzelnen Kapitel sind aus Artikeln entstanden, die ich in den letzten Jahren in verschiedenen Zeitschriften veröffentlicht habe. Einige Kapitel standen bereits in meinem früheren Buch „Der Islam bei uns. Ängste und Erwartungen zwischen Christen und Muslimen" (Brunnen Verlag 2007) und wurden für den neuen Druck überarbeitet. In der grundsätzlichen

---

[2] Wenn nicht anders vermerkt, verwende ich für die Koranzitate die Übersetzung von R. Paret (Verlag W. Kohlhammer 2001). Nur im 4. Kapitel habe ich zwei weitere Übersetzungen herangezogen. Die Übersetzer haben Texteinschübe, die zum Verständnis des oft sehr knappen arabischen Urtextes notwendig sind, in runde Klammern gesetzt. In einigen wenigen Fällen habe ich eigene Erläuterungen in eckige Klammern gesetzt.

Beurteilung der Vorgänge in der Welt des Islams steht das neue Buch in der Tradition meiner früheren Veröffentlichungen.

Für mich geht es bei der Beschäftigung mit muslimischer Gewaltanwendung nicht um eine theoretische Frage. Denn in vielen Ländern leiden meine christlichen Brüder und Schwestern unter der Gewalt, die im Namen des Islams ausgeübt wird. Viele mussten ihre Heimat verlassen, und nicht wenige bezahlten ihre Zugehörigkeit zur christlichen Kirche mit dem Tod.

In Europa sind wir längst keine unbeteiligten Zuschauer mehr. Vertreter eines radikalen und terroristischen Islams leben in unserer Mitte. Unter den zahlreichen Flüchtlingen, die gegenwärtig zu uns strömen, entfliehen nicht wenige muslimischer Gewalt. Ich will mit solchen Hinweisen keine Ängste schüren. Denn die Frage nach der Gewalt im Namen Allahs ist ja auch ein brennendes innermuslimisches Thema. Die meisten Menschen, die heute unter muslimischer Gewalt leiden, sind Muslime. Die blutigen Auseinandersetzungen zwischen Sunniten und Schiiten sowie zwischen extremistischen und moderaten Muslimen machen das deutlich. Die im Namen Allahs geübte Gewalt stößt viele Muslime ab. Nicht wenige werden am Islam irre und suchen nach einer Alternative. Es ist bemerkenswert, dass gerade in den letzten Jahrzehnten viele Muslime Christen geworden sind.

Alle Muslime, zu welcher Richtung sie auch gehören mögen, sind immer zuerst unsere Mitmenschen. Alle sind durch eine persönliche Lebensgeschichte geprägt worden. Alle kennen Freude und Schmerz, Erfolg und Versagen.

Hinter propagiertem und praktiziertem Radikalismus verbergen sich oft Unsicherheit und Verzweiflung. Gerade Christen tun gut daran, sich von dem zur Schau gestellten Fanatismus nicht blenden zu lassen, sondern den Blick in die Herzen der Menschen zu suchen. Ideologien haben Macht über Menschen, können ihnen aber nicht den Frieden mit Gott schenken, den das Evangelium von Jesus Christus verheißt. Welche Untaten Menschen auch immer begehen – alle haben die Möglichkeit zur Umkehr. Das gilt auch für extremistische Muslime, wie sehr uns ihre perversen Taten auch schockieren mögen.

Eberhard Troeger
Wiehl, im Sommer 2015

1. Islamische Begriffe verstehen

„Der Islam gehört zu Deutschland", meinte der ehemalige deutsche Bundespräsident Christian Wulff in einer Rede am 3. Oktober 2010. Er bekam Zustimmung, aber auch viel Widerspruch. „Die Muslime gehören zu Deutschland, aber nicht der Islam", war die Gegenmeinung. Wer hat recht?

Viele Diskussionen zum Islam leiden darunter, dass die Begriffe nicht klar sind. Ist „der Islam" die Summe aller Muslime oder die Summe der von Muslimen vertretenen religiös-politischen Auffassungen? Ist „Deutschland" die Summe der hier lebenden Menschen oder die Summe der hier gelebten Kulturen? Was macht angesichts dieser Pluralität Deutschland aus? Deutschland hat eine bestimmte Rechtstradition, die im Grundgesetz in seinem derzeit geltenden Text festgelegt ist. Auf diese Verfassung hat der Islam mit seiner Lehre noch keinen Einfluss. Insofern gehört der Islam (bis jetzt) nicht zu Deutschland.

Aber es gibt Nischen, in die der Islam hineinwirkt. Bei muslimischen Ausländern, die in Deutschland leben, kann im Personenstandsrecht das Recht ihrer Heimatländer zur Anwendung kommen, und dieses ist vom Islam geprägt (zum Beispiel beim Ehe- und Scheidungsrecht). Auch in anderen Bereichen ist der Einfluss der islamischen Rechtstradition (der Scharia) von deutschen Gerichten anerkannt worden. Einigen Moschee-Vereinen ist erlaubt worden, die Ein-

„Islam" heißt Hingabe an Allah und Unterordnung unter seine Gebote.

ladung zum rituellen Gebet öffentlich und per Lautsprecher auszurufen. In Kindertagesstätten und Strafvollzugsanstalten wird Essen nach islamischen Speisevorschriften angeboten. In einigen öffentlichen Einrichtungen (zum Beispiel Krankenhäusern) gibt es muslimische Gebetsräume. Insofern gehört der Islam also doch zu Deutschland, ob uns das recht ist oder nicht.

Islam und Umma

„Islam" heißt Hingabe an Allah und Unterordnung unter seine Gebote. Entsprechend ist „islamisch" alles, was mit dem Gehorsam gegenüber Allahs Weisungen zu tun hat. „Der Islam" ist also zunächst einmal die religiös-politische Lehre, deren Quellen Koran und Hadith (Tradition) und die daraus abgeleiteten Rechtsauffassungen sind. „Muslime" sind die Menschen, die den Islam mehr oder weniger praktizieren, das heißt „muslimisch" leben.

Davon zu unterscheiden ist die weltweite Gemeinschaft aller Muslime, die „Umma". Das ist ein mehr oder weniger theoretischer Begriff. Denn eigentlich sollte die Umma eine einheitliche Nation unter einem Kalifen als Oberhaupt sein. Dieses Ideal zerbrach schon wenige Jahre nach Mohammed. Aber als erstrebenswertes Ideal ist die Umma im Denken vieler Muslime lebendig und spielt eine nicht zu unterschätzende Rolle.

Durch die Präsenz einiger Millionen Muslime im deutschsprachigen Raum und durch den Einfluss ihrer muslimischen Herkunftsländer wirkt die Umma nach Mitteleuropa hinein. Für Islamisten muss es ein Ziel die-

ser Einwirkung sein, unsere Länder zu „islamisieren"
und damit zu einem Teil der Umma zu machen. Konsequente Muslime wollen auch in nicht muslimischen Ländern nach den Vorschriften des Islams leben und diese
Lebensweise durchsetzen.

Da die „Umma" ein Wunschtraum ist, spreche ich lieber allgemein von der „muslimischen Welt". Die in ihr
gelebte Wirklichkeit weicht in erheblichem Maß von
den Zielen des Islams ab. Dieser ist in viele konkurrie-
rende Lehrrichtungen gespalten. In politischer Hinsicht
befinden sich die Muslime in der „Gefangenschaft" von
Nationalstaaten, deren Führer nicht daran denken, ihre
Macht an eine einheitliche Umma abzutreten. In rechtlicher Hinsicht werden heute die gegensätzlichsten Meinungen vertreten. Dabei ist zu bedenken, dass die „Scharia" kein kodifiziertes und von bestimmten Gremien
beschlossenes Recht ist. Sie ist vielmehr die Summe traditioneller mittelalterlicher Rechtsauffassungen, die in von-
einander abweichenden Kommentaren niedergelegt sind.
Über die Frage, wie diese herkömmlichen Rechtsschulen
ihre Auffassungen an die Gegenwart anpassen können,
wird heftig gestritten. Traditionalisten und Modernisten
ringen miteinander.

Auch in den vom Islam geprägten Ländern ist es nur
noch bedingt möglich, die Muslime zu einem einheitlichen Lebensstil zu zwingen. Es lässt sich nirgends
mehr vermeiden, dass durch die elektronischen Medien
eine Meinungsvielfalt entsteht, die zum Pluralismus im
Lebensstil führt. Auch in den „strengen" Ländern (wie
dem Iran und Saudi-Arabien) leben die Muslime den

Islam nur mehr oder weniger konsequent. In den weniger strengen Ländern gibt es unter den jungen Menschen viele, die man als Namens-Muslime oder Kultur-Muslime bezeichnen kann. Sie praktizieren den Islam kaum noch oder nicht mehr, und bei manchen setzen sich atheistische Meinungen fest, die sie allerdings noch nicht öffentlich aussprechen.

Djihad

In diesem Buch geht es vor allem um eine Seite des Islams, die man früher als „heiligen Krieg" bezeichnete. Dieser Begriff kommt aus der Geschichte des alttestamentlichen Israel und lässt sich nur bedingt auf das Kämpfen der Umma anwenden (vgl. dazu Kap. 6). Heute wird auch von nicht muslimischen Autoren das koran-arabische Wort Djihad (Bemühung nach den Geboten Allahs) und davon abgeleitet der Begriff „Djihadismus" (Ideologie des Djihad) verwendet. Djihad ist im Koran ein Oberbegriff für allen „Einsatz für Allah" und umfasst den Kultus, die Werbung (Da'wa, das heißt Einladung) wie auch den bewaffneten Kampf. Für den Kampf mit der Waffe kennt der Koran einen weiteren Begriff, Qital (das sich gegenseitig Töten). Allerdings wird auch der Oberbegriff Djihad im Koran teilweise im Sinne von Qital verwendet (vgl. dazu Kap. 4). Der Djihadismus kann sich zu Recht auf den Koran berufen, ist also keine unislamische Ideologie, wie manche behaupten.

Djihad ist im Koran ein Oberbegriff für allen „Einsatz für Allah" und umfasst den Kultus, die Werbung wie auch den bewaffneten Kampf.

Freilich werden die Begriffe Djihad und Qital von Muslimen unterschiedlich interpretiert. Manche verstehen sie im ursprünglichen Sinn, andere deuten sie allegorisch oder ethisch um.

Für Nichtmuslime ist der Meinungspluralismus unter Muslimen schwer zu verstehen. Die große Bandbreite hängt damit zusammen, dass die Umma keine Beschlussgremien (Synoden, Konzile) entwickelt hat, die verbindlich über Glaube und Recht entscheiden. In der muslimischen Welt richtet man sich vielmehr nach früheren oder zeitgenössischen Autoritäten, die ihre Meinungen in weitverbreiteten Schriften niedergelegt haben oder heute über die elektronischen Medien verbreiten. Dabei sind die radikalen Autoritäten heute wesentlich einflussreicher als die moderaten. Wie überall herrscht auch in der muslimischen Welt eine große Verunsicherung. Deshalb sind vereinfachende, eingängige und populistische Ansichten sehr gefragt. Behutsame Differenzierungen haben es dagegen schwer, Gehör und Anerkennung zu finden.

Salafismus

Für den konsequenten Islam sind in den letzten Jahrzehnten unterschiedliche Begriffe in Gebrauch gekommen. Sie stammen teilweise aus der westlichen Tradition, teilweise aus dem Islam. Der „Fundamentalismus" (Rückkehr zu den Grundlagen) besteht auf dem ursprünglichen Islam und lehnt Modernisierungen („Neuerungen") ab. „Integrismus" heißt, an der Einheit von Glaube und öffentlicher Ordnung festzuhalten. „Salafismus" ist ein alter, genuin islamischer Begriff, der die Rückkehr zur Lehre der „Altvorderen" zum Ziel hat. Der Salafismus des 19. Jahrhunderts war mehr oder weniger eine gelehrte Diskussion über die Gründe der Schwäche der muslimischen Welt. Man sah sie darin, dass sich das muslimische Denken und Handeln im Laufe der Jahrhunderte weit von Mohammed und seinen Gefährten entfernt hatte, und wollte zurück zum „reinen Islam" der Frühzeit. Dabei idealisierte man freilich diese Anfänge und dachte wenig an eine historische Aufarbeitung. In der ersten Hälfte des 20. Jahrhunderts entstand der Neo-Salafismus. Er wollte über die gelehrte Diskussion hinaus zum praktischen Vollzug des Ursprünglichen. Man strebte zurück zur Einheit von Religion und Staat, wie Mohammed sie geschaffen hatte, und geriet dabei in Konflikt mit den modernen Nationalstaaten, die den Einfluss der Scharia auf die Gesetzgebung zurückgedrängt hatten. Heute versteht man unter Salafismus einen radikalen Islam, der mit allen nur möglichen Mitteln zum idealen Islam der Frühzeit – wie man ihn jeweils versteht – zurückkehren will.

Heute versteht man unter Salafismus einen radikalen Islam, der mit allen nur möglichen Mitteln zum idealen Islam der Frühzeit zurückkehren will.

Die „Reinigung" des Islams von allem Verkehrten ist nur die eine Bewegung im neuzeitlichen Islam. Die Gegenrichtung will die Anpassung an die Gesellschaften, die man für den Islam gewinnen will. Solche Flexibilität hat es in der muslimischen Welt schon immer gegeben, und auch Mohammed war im Grunde ein Meister der Anpassung an die jeweiligen Verhältnisse.

Heute erklärt man im Westen den Islam zur Religion des Friedens und die Liebe zu einem wichtigen Wesenszug Allahs. Unverkennbar werden hier westliche und christliche Themen aufgenommen und islamisch umgedeutet. Interessant ist, dass sich Muslime im Westen auch an die gängige Jugendkultur angepasst haben. Es ist ein „Pop-Islam" entstanden, um junge Muslime beim Islam zu halten und nicht muslimische Jugendliche für den Islam zu gewinnen. Deshalb ist es nötig, die heute von Muslimen im Westen gebrauchten Begriffe kritisch zu hinterfragen. Gleiche Worte bedeuten eben nicht unbedingt das Gleiche.

Allah

Das beginnt schon mit dem Gebrauch des Wortes Allah. Es ist vorislamisch und heißt so viel wie „der eine Gott". Durch Mohammed und den Koran ist dieses alte Wort aber praktisch zu einem Eigennamen geworden, der islamisch gefüllt ist. Viele Christen in der muslimischen Welt beten zu Allah, bekennen sich dabei aber zu Gott, dem Vater, dem Sohn und dem Heiligen Geist. Es ist also jeweils zu fragen, ob Allah im islamischen oder im biblischen Sinne gemeint ist. Verwirrender wird die Sache noch dadurch, dass Muslime im deutschsprachigen Raum durchaus von „Gott" sprechen können, wenn sie Allah im muslimischen Sinn meinen. Deshalb ist im Grunde auch in Mitteleuropa immer zu fragen, wie Gott gemeint ist.

> *„Allah" ist vorislamisch und heißt so viel wie „der eine Gott".*

Mohammed hat auch bestimmte Eigenschaften Gottes, die Christen von der Bibel her verstehen, islamisch umgedeutet. „Barmherzigkeit Gottes" ist im biblischen Zeugnis das Erbarmen Gottes mit dem Elend des Menschen, das ihm „zu Herzen geht" und ihn veranlasst, den Menschen aus seinem Elend zu erlösen. Barmherzigkeit Gottes ist deshalb die „teure Barmherzigkeit", die Gott viel „kostet", konkret das Sühnopfer seines Sohnes. Im Koran ist die Barmherzigkeit Allahs dagegen eher seine Großzügigkeit, die ihn nichts kostet. Er versorgt die Menschen mit dem, was sie zum Leben brauchen, und sendet ihnen den Koran, um sie auf den „rechten Weg" zu führen. Natürlich kann man deshalb mit einer gewissen Berechtigung sagen: „Islam ist Barmherzigkeit" (so der Münsteraner Professor Mouhanad Khorchide 2012 in seinem Buch mit dem gleichlautenden Titel). Aber es ist eben eine andere Barmherzigkeit, als sie die Bibel bezeugt.

Islamischer Friede

Das gilt auch für die heute oft gehörte Formel „Islam ist Frieden". Sprachlich ist das falsch, weil Friede im Arabischen „Salam" heißt, während „Islam" so viel wie „Hingabe, Unterwerfung" bedeutet. Inhaltlich kann man aber durchaus eine Verbindung zwischen Islam und Salam herstellen: Wenn ein Mensch sich vollständig den Geboten Allahs unterwirft und seinen Widerstand dagegen aufgibt, kann das durchaus eine Art von „Frieden" in seinem Herzen bewirken. Wenn

Der „islamische Friede" kann nur durch Gewalt verwirklicht werden!

mehrere Menschen das tun, kann ihre gemeinsame Hingabe an Allah durchaus eine Art von gesellschaftlichem Frieden unter ihnen schaffen. Und wenn die gesamte Menschheit sich den Geboten Allahs vollkommen unterwirft, gibt es auf der Erde eine umfassende Friedensordnung. Das ist natürlich eine schön klingende Idee, die das Rebellische im Menschen, das heißt seine Sünde, ausklammert bzw. verharmlost. Der „islamische Friede" kann nur durch Gewalt verwirklicht werden! Das Evangelium von Jesus Christus ist in dieser Hinsicht viel realistischer: Der Unfriede im Menschen und unter Menschen kann nur durch die von Gott bewirkte Versöhnung überwunden werden. Im Glauben an Christus ist der „Friede Gottes" umfassend, in der Wirklichkeit der sündigen Welt aber immer nur zeichenhaft real als „Friede auf Hoffnung".

Dieses Beispiel zeigt, wie schwierig die Gespräche zwischen Christen und Muslimen sein können. Man verwendet die gleichen Begriffe, denkt dabei aber an unterschiedliche Inhalte und redet möglicherweise aneinander vorbei. Wenn sich die Gesprächspartner der unterschiedlichen Füllung der verwendeten Begriffe bewusst sind, kann das Gespräch aber durchaus fruchtbar sein und zum Kern der unterschiedlichen Glaubensauffassungen führen.

2. Europäische Christen können den Muslimen nicht mehr ausweichen

Im deutschsprachigen Mitteleuropa leben über vier Millionen Muslime. Die meisten von ihnen sind noch Ausländer, werden aber wahrscheinlich auf Dauer hier bleiben. Durch Zuwanderung und eine höhere Geburtenrate wird ihre Zahl vermutlich ansteigen. Diese Entwicklung muss Christen beschäftigen.

Gebot der Liebe

Für Christen sollte ein friedliches Zusammenleben mit Menschen anderen Glaubens selbstverständlich sein. Es ist ein Gebot der Liebe, sich mit dem Ergehen der Mitmenschen zu befassen, und dazu gehört auch ihre Religion. Gleichzeitig werden sich Christen aber auch überlegen, wie sie Muslimen den christlichen Glauben nahebringen können. Dafür ist es nötig, sich mit der muslimischen Sicht des christlichen Glaubens auseinanderzusetzen. Wie es auf christlicher Seite viele Klischeebilder und Vorurteile gibt, so sind diese natürlich auch umgekehrt auf muslimischer Seite vorhanden. Muslime haben besondere Empfindungen, wenn sie erstmals eine Kirche betreten oder einen christlichen Gottesdienst miterleben. Der Anblick eines Kreuzes ist für viele befremdlich. Auch eine Bibel nehmen manche Muslime nur unter Vorbehalt in die Hand. Es gibt einiges zu beachten, wenn Christen mit Muslimen die Bibel lesen und sie ihnen erklären wollen. Manches ist zu bedenken, wenn ein Muslim anfängt, an Jesus Christus zu glauben, und sich einer Gemeinde anschließen möchte.

Es kann europäischen Christen nicht gleichgültig sein, dass viele Mitchristen in Afrika und Asien als Minderheiten in islamisch geprägten Gesellschaften leben. Ihre Freiheiten sind teilweise erheblich eingeschränkt. In manchen dieser Länder können Christen sich nicht frei zu Gottesdiensten treffen. Der Bau neuer Kirchen und Gemeinderäume wird in etlichen Ländern sehr behindert oder gar untersagt. Viele Christen dürfen ihren Glauben nicht öffentlich bekannt machen. Häufig können Muslime keine Christen werden, ohne dafür benachteiligt, diskriminiert und bestraft zu werden.

Es geht um die Solidarität mit den Mitchristen in anderen Weltregionen.

Es geht nicht darum, die den Muslimen im Westen gewährten Freiheiten gegen die Behinderungen der Christen in der muslimischen Welt aufzurechnen. Es geht vielmehr zunächst um die Solidarität mit den Mitchristen in anderen Weltregionen. Sie drückt sich in Fürbitte, Besuchen, Briefwechsel, materieller Unterstützung und im Veröffentlichen ihrer Situation aus. Um diese Lage richtig verstehen zu können, ist es aber nötig, sich mit der muslimischen Geschichte und dem islamischen Rechtsdenken zu beschäftigen.

Religionsfreiheit

Europäische Christen wissen aufgrund ihrer eigenen Geschichte die neuzeitliche Errungenschaft der Religionsfreiheit zu schätzen. Viele sehen deshalb die totalitären Tendenzen im Islam mit Sorge. Die Welt des Islams ist allerdings äußerst vielfältig und es ist nicht ganz leicht zu sagen, was „wahrer Islam" ist. Der Islam gleicht einem breiten Strom, in dem es eine Hauptströmung und viele Nebenströmungen gibt. Die muslimische Weltgemeinschaft hat – anders als die christliche Kirche – keine Synoden und Konzile entwickelt. Lehr- und Rechtsfragen bleiben, bei allem Streben nach Übereinstimmung, doch in der Schwebe. Der Islam ist in rechtlicher und lehrmäßiger Hinsicht weniger „fassbar", als gemeinhin angenommen wird.

Eine Tendenz zum totalitären Denken ist unverkennbar. Sie hängt mit der Lebensgeschichte Mohammeds zusammen.

Dennoch ist eine Tendenz zum totalitären Denken unverkennbar. Sie hängt mit der Lebensgeschichte Mohammeds zusammen (vgl. Kap. 3). Er war zunächst ein Gottsucher, wurde dann aber Prediger des Eingottglaubens und Warner vor Allahs Gericht. In den letzten Jahren seines Lebens gelang es ihm, einen religiös begründeten islamischen Staat zu schaffen, in dem Glaube und öffentliche Ordnung eine Einheit bildeten. Dieses Modell des Staates von Medina gilt weiterhin vielen Muslimen als das große Ideal und inspiriert die islamistischen Konzepte.

Natürlich kann solch ein Staat nur mit Zwang verwirklicht werden. Und natürlich sind Nichtmuslime im islamischen Staat Bürger minderen Rechts. Deshalb muss diese Staatsauffassung mit einer modernen, auf der Gleichheit aller Bürger beruhenden Staatsform notgedrungen in Konflikt geraten. Im Laufe der Geschichte der muslimischen Welt haben zahlreiche Christen unter Benachteiligungen gelitten. Aus diesem Grunde ist es nötig, die Tendenzen zum Totalitarismus sorgfältig zu beobachten und aufzudecken.

Anziehungskraft des Islams

Allerdings wäre es falsch, nur die totalitären Tendenzen im Islam zu sehen. Der Islam ist auch eine beeindruckende Religion mit einer ausgeprägten Frömmigkeit. Der islamische Kultus ist relativ einheitlich – fünfmaliges rituelles Gebet, Fasten im Ramadan usw. – und verbindet die unterschiedlichsten Richtungen wie Sunniten, Schiiten und andere. Die einheitliche Gebetsrichtung nach Mekka und das gemeinsame Fasten schaffen eine Solidarität, die durchaus beeindruckend ist und bis heute Menschen veranlasst, sich dem Islam anzuschließen.

Auch im Kern seines Glaubens – an den einen Gott und an Mohammed als den letzten Gesandten Allahs – ist der Islam relativ einfach und ansprechend. In der Ethik haben Muslime ein System entwickelt, in das die guten und die verwerflichen Taten des Menschen allgemeinverständlich eingeordnet werden. Das kommt manchen Interessenten durchaus entgegen.

Die einheitliche Gebetsrichtung nach Mekka und das gemeinsame Fasten schaffen eine Solidarität, die durchaus beeindruckend ist.

Der Islam wird heute weltweit als „die beste Religion" verkündigt. Die ideologischen Züge sind dabei nicht zu übersehen, aber Christen sollten den Islam auf keinen Fall verharmlosen. Er besitzt durchaus Anziehungskraft. Deshalb werden sich Christen mit dem islamischen Glauben auseinandersetzen und darauf Antworten finden müssen. In der Begegnung mit der islamischen Religiosität können Christen durchaus in Glaubenskrisen geraten. Solche Krisen bergen in sich die Chance, das Befreiende des biblischen Glaubens neu zu entdecken.

Gespräch mit Muslimen

Es gibt viele Möglichkeiten, den Islam und die Muslime kennenzulernen. Zahlreiche Bücher sind zu diesem Thema erschienen. Es ist auch zu raten, den Koran zu lesen, selbst wenn das ein schwieriges Unterfangen ist. Der Koran enthält eine Fülle von Andeutungen und lässt vieles in der Schwebe. Das macht es schwer, ihn zu verstehen. Deshalb ist es meines Erachtens das Beste, dass Christen sich auf persönliche Gespräche mit Muslimen einlassen. Sie werden dadurch die ganze Bandbreite islamischer Auffassungen erfahren. Am schwierigsten ist es allerdings, mit radikalen Muslimen ins Gespräch zu kommen. Sie haben sich weitgehend aus der ihnen verhassten westlichen Gesellschaft in ihre Zirkel zurückgezogen. Begegnungen enden oft rasch in heftigen Streitgesprächen.

Christen können im Gespräch schnell an ihre Grenzen kommen, da viele Muslime in der Lage sind, die islamischen Kerngedanken plausibel darzustellen. Christen sollten sich dadurch nicht verunsichern lassen, nicht emotional reagieren und das Gespräch nicht abbrechen. Angesichts einer disziplinierten islamischen Frömmigkeit und einer hohen Ehrerbietung gegenüber Allah werden Christen sich durchaus fragen müssen, warum der Glaube europäischer Christen so oberflächlich geworden ist.

Es ist wichtig, im Gespräch mit Muslimen einen langen Atem zu haben, kritisch nachzufragen und zu versuchen, über die lehrmäßige Ebene hinauszukommen. Denn es ist besser, zum Herzen des muslimischen Gesprächspartners zu sprechen, seine persönlichen Nöte und Probleme zu erkennen und vom Evangelium her Antworten zu geben.

Die Begegnung mit Muslimen ist eine lohnende Herausforderung. Gegenseitige Abschottung ist keine Lösung. In einer echten Begegnung werden überzeugte Christen manch einen Muslim in seiner Frömmigkeit schätzen lernen, aber gleichzeitig auch die Bibel ganz neu lesen und verstehen. In ihnen wird der Wunsch wachsen, die Botschaft der Liebe Gottes Muslimen zu bezeugen.

3. Vom Prediger zum Kämpfer – das Leben Mohammeds

Für Historiker liegt die Person Mohammeds weitgehend im Dunkeln. Denn die Quellen zum Leben Mohammeds – der Koran, die Sammlungen seiner angeblichen Aussprüche und Handlungen (Hadith) sowie biografische Texte – sind ausnahmslos muslimisch und erst etwa 150 Jahre nach Mohammeds Tod als Literatur fassbar. Dennoch gehen die meisten Islamwissenschaftler auch im Westen bisher davon aus, dass Mohammed eine historische Person war.

Zwischen den genannten Quellen besteht ein eigenartiges Verhältnis. Im Koran redet Allah durchgängig eine nicht mit Namen genannte Person an. Sie soll die Rede Allahs öffentlich verkündigen. Aus dem Koran lässt sich aber keine Biografie dieses Verkündigers gewinnen. In der Frühgeschichte des Islams hat man diesen anonymen Prediger mit Mohammed gleichgesetzt. Eine richtige Biografie Mohammeds entstand erst im Laufe des 8. und 9. Jahrhunderts aus vielen Legenden. Mithilfe dieser biografischen Details legen Muslime die vagen Andeutungen des Korans aus, während dieser die ideologische Basis für die Biografie liefert – ein Zirkel, der schwer aufzubrechen ist.

Religiöse Situation zur Zeit Mohammeds

Auf der Arabischen Halbinsel gab es lange nur am Nordrand und im Süden (Jemen) staatliche Strukturen. In der Mitte des 7. Jahrhunderts n. Chr. drängten die arabischen

Stämme aus dem Zentrum der Halbinsel heraus, setzten sich im syrischen Raum und im Zweistromland fest und übernahmen hier die Herrschaft. Auslöser waren sowohl die starke Zunahme der Bevölkerung als auch eine religiöse Revolution, die mit dem Namen Mohammeds verbunden wird.

In vielen Oasen lebten jüdische Stämme und im Norden und Süden der Halbinsel gab es zahlreiche Christen. Unter ihrem Einfluss hatte das arabische Heidentum seine religiöse Kraft verloren. Der Glaube an einen einzigen, höchsten Schöpfergott (arabisch: Allah) war attraktiv. Es war eine offene Frage, ob die heidnischen Stämme sich dem Judentum oder dem Christentum anschließen würden. Es kam anders. Unter dem Einfluss Mohammeds wählte die Masse der Araber den Islam (Hingabe an Allah, Unterwerfung unter seine Gebote) als eine „typisch arabische" Variante des Eingottglaubens.

In vielen Oasen lebten jüdische Stämme und im Norden und Süden der Halbinsel gab es zahlreiche Christen. Unter Ihrem Einfluss hatte das arabische Heidentum seine religiöse Kraft verloren.

Die Araber wussten, dass die „Eingottreligionen" sich jeweils auf einen bestimmten „Gesandten" (zum Beispiel Mose und Jesus) berufen, der ihnen eine göttliche Schrift mit Anweisungen für Glaube, Kultus und Leben vermittelt hatte. Wann brachte endlich ein „arabischer Gesandter" den Arabern eine göttliche Schrift in ihrer Sprache? Diese Frage bewegte offensichtlich viele Araber. Mohammed gab darauf die Antwort.

Zu Mohammeds Lebensweg

Der Koran lässt erkennen, dass die Durchsetzung des Islams und die damit verbundene Staatwerdung der arabischen Stämme ein längerer Prozess war, bei dem es nicht ohne Kämpfe abging. Am Anfang überwog noch der jüdische Einfluss, aber am Ende hatte sich ein typisch arabischer Eingottglauben durchgesetzt. Der arabische Islam siegte über das fremde Judentum. Der Koran ist die Urkunde dieses Sieges.

Dabei muss die Frage offenbleiben, ob hinter diesem Triumph nur eine einzelne prophetische Person (Mohammed) oder eine Gruppe von Personen oder gar eine Bewegung stand. Für Muslime ist die Sache klar: Es war der siegreiche Kampf des „arabischen Gesandten" Mohammed. Für den Ablauf seines Lebens hat sich im Islam eine relativ einheitliche Erzählung durchgesetzt. Kurz gefasst und mit einigen Interpretationen versehen, lautet sie folgendermaßen:

Mohammed Ben Abdallah Ibn Muttalib soll etwa 570 n. Chr. in Mekka geboren und als Kind Vollwaise geworden sein. Verwandte zogen den Jungen auf. Im Koran finden sich Hinweise auf dieses Schicksal: *„Hat er dich nicht als Waise gefunden und (dir) Aufnahme gewährt ...?"* (Sure 93,6) Schreiben und Lesen hat Mohammed vermutlich nicht gelernt. Er fand Arbeit als Kaufmann und heiratete eine Kaufmannswitwe. Chadidscha gebar ihm etliche Kinder, von denen vier Töchter überlebten. Bis zu ihrem Tod war Mohammed nur mit ihr verheiratet. Sie unterstützte ihn bei seiner religiösen

Suche und war seine erste Anhängerin. Für Muslime gilt sie als „Mutter der Gläubigen".

Im Alter von etwa vierzig Jahren muss sich Mohammed intensiv mit religiösen Fragen beschäftigt haben. Offensichtlich litt er unter dem Materialismus seiner Berufskollegen und dem oberflächlichen Götzenkult an der Kaaba, dem Stadtheiligtum von Mekka. Er verstand sich zunächst als „Gottgläubiger", der in Allah den einen Gott erkannt hatte. Er versuchte zu fasten und zu beten und hatte in einer Höhle in der Nähe von Mekka Hör- und Seherlebnisse. Ein Engel forderte ihn auf, einen göttlichen Text zu rezitieren. Darauf spielt der Koran an: *„Trag vor im Namen deines Herrn ..."* (Sure 96,1). Dadurch wusste sich Mohammed zum „arabischen Propheten" und Gesandten Allahs für sein Volk berufen. Er verstand seine Lehre als Worte aus einem himmlischen Koran, die ihm Gabriel vortrug („rezitierte"). Darin zeigte Allah ihm und seinem Volk den richtigen Weg zu seiner Verehrung.

Mohammed verstand seine Lehre als Worte aus einem himmlischen Koran, die ihm Gabriel vortrug („rezitierte"). Darin zeigte Allah ihm und seinem Volk den richtigen Weg zu seiner Verehrung.

Beginn seines öffentlichen Wirkens

Mohammed begann öffentlich zu predigen. Er rief zur Absage an den Götzendienst und zum Glauben an Allah auf. Damit formulierte er bereits den Kern des muslimischen Bekenntnisses, dass es „keine Gottheit außer Allah gibt und dass Mohammed der Gesandte Allahs" ist. Er predigte das Gericht Allahs für alle, die dem Götzendienst nicht absagten, und sammelte eine Gruppe von Gläubigen um sich. Die führenden Leute in Mekka sahen in Mohammeds Aktivitäten eine Bedrohung der Wallfahrten zur Kaaba und lehnten ihn deshalb ab. In seiner Bedrängnis suchte Mohammed Unterstützung bei Juden und Christen und fand Stärkung in den biblischen Erzählungen vom Schicksal der Gottgläubigen. Auf diese Weise fanden Anklänge an biblische Themen Aufnahme im Koran. Mohammed verkündigte sie als seine Offenbarungen; seine Anhänger lernten sie auswendig und begannen mit dem Rezitieren zusammenhängender Stücke.

In seiner Bedrängnis suchte Mohammed Unterstützung bei Juden und Christen und fand Stärkung in den biblischen Erzählungen vom Schicksal der Gottgläubigen.

Zunächst blieb Mohammeds Erfolg bescheiden. Durch den Tod Chadidschas und Abu Talibs, des Chefs seiner Sippe, verlor Mohammed zwei wichtige Stützen. Seine Feinde bedrohten nun offen sein Leben. Das veranlasste ihn, mit seinen Anhängern 622 n. Chr. nach Jathrib (später Medina, die „Stadt des Propheten") auszuwandern bzw. zu fliehen. Dieses Jahr wurde zum Beginn der muslimischen Zeitrechnung, weil Mohammed hier die Wende zum Erfolg gelang. Nur zehn Jahre wirkte er in Medina. Alle politischen Schachzüge, Kriege und Heiraten Mohammeds in dieser relativ kurzen Zeit rechtfertigt der Koran mit Weisungen Allahs.

Medina war eine große Oase, in der zwei arabisch-heidnische und drei arabisch-jüdische Stämme lebten. Mohammed hatte hier bereits Anhänger, sogenannte Helfer, die ihn und die mekkanischen Muslime (die „Auswanderer") aufnahmen. Dahinter stand vielleicht ein politisches Kalkül, denn die fünf Stämme waren zerstritten. Mohammed sollte die Stadt befrieden. Das gelang ihm vorläufig durch eine Gemeindeordnung, in welcher die Muslime – obwohl in der Minderheit – den Ton angaben. Der „arabische Prophet" geriet in eine politische Rolle, aber man kann vermuten, dass er die Verschmelzung von religiöser und politischer Führung in seiner Person von Anfang an wollte – etwa nach dem Vorbild von Mose. Auf jeden Fall lag in der Gemeindeordnung die Keimzelle für die muslimische Gemeinschaft als eines religiös begründeten Staates. Mohammed war jetzt genötigt, Gesetze zu erlassen, die ihm jeweils „offenbart" wurden.

Handeln gegenüber den Juden

Gleichzeitig regelte Mohammed den muslimischen Kultus. Dabei entfernte er sich immer mehr von den jüdischen Einflüssen. Anfangs hatte er versucht, die Juden für sich zu vereinnahmen. Diese blieben jedoch auf kritischer Distanz. Sobald Mohammed stark genug war, vertrieb er die jüdischen Stämme nach und nach aus der Oase. Beim letzten Stamm ließ er alle Männer öffentlich hinrichten und die Frauen und Kinder versklaven.

Der Bruch mit dem Judentum hatte weitreichende Konsequenzen. Mohammeds Islam entwickelte sich immer mehr zur „arabischen" Religion mit dem Rückgriff auf das Heidentum. Er integrierte den Wallfahrtskult an der Kaaba in den Islam und begründete das mit Abraham und Ismael als den angeblichen Erbauern der Kaaba. Mohammed griff bewusst zurück auf Abraham, den vorjüdischen und „heidnischen" Gottgläubigen. Damit machte Mohammed den Islam zur „wahren Religion" für alle Menschen. Judentum und Christentum galten nun als verdorbene und überholte Varianten des Eingottglaubens. Hier liegt der Kern für die Entwicklung des Islams zu einer kämpferischen Religion mit universalem Herrschaftsanspruch. Allah hat „*seinen Gesandten mit der Rechtleitung und der wahren Religion geschickt"*, „*um ihr zum Sieg zu verhelfen über alles, was es an Religion gibt ...*" (Sure 61,9).

Judentum und Christentum galten nun als verdorbene und überholte Varianten des Eingottglaubens. Hier liegt der Kern für die Entwicklung des Islams zu einer kämpferischen Religion mit universalem Herrschaftsanspruch.

Handeln gegenüber den Heiden

Außer den jüdischen Stämmen bekämpfte Mohammed die sogenannten Heuchler, die nur formal Muslime geworden waren. Sie distanzierten sich von Mohammed, wenn ihn das Kriegsglück verließ. Mohammed unterwarf sie mit harter Hand. Diese Maßnahmen waren später das Vorbild für den Umgang mit allen abtrünnigen oder halbherzigen Muslimen.

Die entscheidende Front Mohammeds richtete sich gegen die heidnischen Mekkaner. Er ließ ihre Karawanen ausrauben, und daraus entwickelten sich größere kriegerische Auseinandersetzungen mit wechselndem Glück. Sie sind in dem berühmten „Buch der Schlachten des Propheten" des Muslims Al-Waqidi zeitnah dargestellt worden (die deutsche Übersetzung von Julius Wellhausen erschien bereits 1882 und ist heute im Internet einsehbar). Das Kämpfen mit der Waffe erlaubte der Koran mit der Begründung, dass den Muslimen in Mekka Unrecht geschehen ist (zum Beispiel Sure 22,39). Mohammed erreichte durch seine Erfolge, dass er mit seinen Anhängern eine unbewaffnete Wallfahrt nach Mekka machen konnte. Die Kompromisse mit dem Heidentum zeigten ihre Wirkung. Viele Mekkaner traten zum Islam über, sodass Mohammed ein Jahr später seine Heimatstadt ohne Kampfhandlungen einnehmen konnte. Alle Mekkaner unterwarfen sich nun dem Islam. Mohammed ließ die Kaaba von den Götzenbildern „reinigen" und stellte damit den vermeintlich ursprünglichen Kult Abrahams wieder her.

Das Kämpfen mit der Waffe erlaubte der Koran mit der Begründung, dass den Muslimen in Mekka Unrecht geschehen ist.

Handeln gegenüber den Christen

Mohammed riskierte sogar noch den Kampf mit den christlichen Herrschern. Er forderte den byzantinischen Kaiser, den abessinischen Negus und den Gouverneur von Ägypten auf, Muslime zu werden. Ihr Schweigen oder ihre Ablehnung waren Grund, sie anzugreifen. Zu Lebzeiten Mohammeds waren die Muslime damit aber nicht erfolgreich. Besser lief es auf der Arabischen Halbinsel. Mohammed konnte durch Bündnisse und militärische Erfolge alle Stämme unterwerfen und sich als religiöser und politischer Führer anerkennen lassen. Juden und Christen durften zunächst bleiben, wenn sie sich der islamischen Ordnung unterwarfen.

In diesen Jahren des Kampfes heiratete Mohammed nacheinander eine ganze Reihe Frauen, sodass er schließlich elf in seinem Harem hatte (während er seinen Anhängern nur vier gleichzeitig erlaubte). Noch bedenklicher war es, dass er Aischa schon als Kind geheiratet hatte. Alle diese aus ethischer Sicht anstößigen Maßnahmen begründete Mohammed mit der Erlaubnis Allahs.

Nachfolger Mohammeds

Mohammed starb, ohne einen Nachfolger (Kalifen) benannt zu haben. Der engste Kreis der „Auswanderer" einigte sich auf Abu Bakr, aber diese Entscheidung führte später zur Spaltung des Islams in Schiiten und Sunniten (vgl. Kap. 5). Gefährlicher war es zunächst, dass sich viele der arabischen Stämme wieder vom muslimischen Staat lossagten. Die islamische Bewegung hing noch einmal am seidenen Faden. Vermutlich war es dem fähigen Krieger und zweiten Kalifen Omar zu verdanken, dass die Umma keine arabische Sekte blieb, sondern zur Weltreligion wurde.

Der Islam gleicht einer Ellipse. Der eine Punkt ist Allah, der andere Mohammed. Der Islam ist eben zugleich „Mohammedanismus". Das Leben Mohammeds hat neben dem Koran norma-

Das Leben Mohammeds hat neben dem Koran normative Bedeutung für die muslimische Lebensgestaltung und Rechtsfindung.

tive Bedeutung für die muslimische Lebensgestaltung und Rechtsfindung. Die Gelehrten fragen, was Mohammed in dieser oder jener Situation gesagt und getan hätte. Dabei wenden sie den Grundsatz an, dass die „vorläufigen" Anweisungen Mohammeds (zum Beispiel in seiner Zeit als machtloser Prediger in Mekka) durch die „endgültigen" Maßnahmen in Medina „überholt" (ungültig gemacht) worden sind. Das ist bei allen Zitaten aus Koran und Tradition zu bedenken. Freilich sind sich die muslimischen Gelehrten nicht einig darüber, welche Anweisungen überholt und welche dauerhaft gültig sind.

Deutungen von Person und Handeln

In der frommen Tradition ist aus dem Menschen Mohammed nach und nach ein „Übermensch" geworden, ein großer Wundertäter und helles Licht der Menschheit. Für die muslimischen Mystiker (Sufis) ist Mohammed wichtig als ein nachahmenswertes Vorbild für die Hingabe an Allah. Für diese Muslime steht also nicht so sehr der streitbare Mohammed von Medina, sondern der fromme Mohammed von Mekka im Vordergrund.

In der frommen Tradition ist aus dem Menschen Mohammed ein „Übermensch" geworden, ein großer Wundertäter und helles Licht der Menschheit.

Dies gilt auch für viele moderne muslimische Intellektuelle. Sie sehen in Mohammed vor allem ein ethisches Vorbild. Die Kriege Mohammeds verstehen sie aus der damaligen Situation heraus als legitim, aber nicht auf die heutige Zeit übertragbar. Das sehen die Salafisten (vgl.

Kap. 1) anders. Sie wollen dem ganzen Mohammed „nachahmen" und so leben und handeln wie er – einschließlich seiner Kämpfe gegen alles Unislamische.

Für Christen ist die Frage wichtig, wie die „Offenbarungen" Mohammeds zu verstehen sind. Der Inhalt der frühen Korantexte zeigt, dass Mohammed seine vagen Kenntnisse des Judentums als ihm offenbarte „Rede Allahs" ausgab. Verpackt in Reimprosa, beeindruckten Mohammeds arabische Rezitationen manche seiner Hörer. Andere hielten ihn für einen Dichter oder gar für besessen. Aus christlicher Sicht kann der Koran keine Offenbarung Gottes sein, weil Jesus das abschließende Wort Gottes ist und der Koran Jesus degradiert. Wer das ernst nimmt, wird hinter dem Koran eine widergöttliche Macht sehen. Besonders anfechtbar machte sich Mohammed mit seinen späteren „Offenbarungen". Sie kamen immer prompt, wenn er ein Problem zu entscheiden hatte. Kann man seine frühe Verkündigung noch als echtes religiöses Erleben verstehen, so ist das bei seinen späteren Entscheidungen kaum möglich.

Offensichtlich entwickelte sich Mohammed von einem Gottsucher zu einem machtbewussten politischen Führer. Es ist nicht ganz einfach, die entscheidenden Weichenstellungen in seinem Leben auszumachen. Die erste ist sicher die erfolgreiche Auswanderung von Mekka nach Medina. Vom verfolgten Propheten entwickelte sich Mohammed zum Politiker, der sich an seinen Feinden rächte. Die zweite Weichenstellung dürfte der Bruch mit den Juden sein. Ihr Widerstand muss Mohammed tief verletzt haben. Entsprechend fiel seine Rache aus.

Warum erkannte Mohammed nicht, dass Herrschafts-
ansprüche und gewaltsame Rache vor Gott Sünde sind?
Ist es ein Wunder, dass Mohammed den Weg von Jesus,
den Weg zur Kreuzigung, entschieden ablehnte? In diesem Sinne sagt der Koran: „... *sie* [die Juden] *haben ihn*
[Jesus] *nicht getötet und nicht gekreuzigt* ..." (Sure
4,157). Während Jesus den Versuchun-
gen Satans widerstand, den Weg von
Herrschaft und Macht zu gehen (vgl.
Matthäusevangelium 4,1-11), und damit den entscheidenden Sieg errang, ist
Mohammed diesen Versuchungen offensichtlich erlegen. Er hatte weltlichen
Erfolg, aber im Reich von Jesus Christus ist für ihn kein Platz.

Während Jesus den Versuchungen Satans widerstand, den Weg von Herrschaft und Macht zu gehen, ist Mohammed diesen Versuchungen offensichtlich erlegen.

4. Der Kampf „um Allahs willen" nach dem Koran

Der arabische Text des Korans verwendet zwei Verben und ihre Ableitungen, um das Konzept des Einsatzes bzw. Kampfes „auf dem Wege Allahs" zu beschreiben. Das erste bedeutet „sich einsetzen, sich ab-mühen, eifern", das zweite „sich gegen-seitig töten, bekämpfen". Davon abge-leitet sind „Bemühung, Eifer, Einsatz, Kampf" (arab. *djihad)* und „bewaffne-ter Kampf" (arab. *qital).* Während es bei dem zweiten Begriff eindeutig um das bewaffnete Kämpfen geht, kann Djihad, wie wir oben erwähnt haben, in einem sehr weiten Sinn verstanden werden. Djihad ist gewissermaßen der Oberbegriff für jeden Einsatz zuguns-ten des Islams und kann die Anstren-

„Djihad" kann die Anstrengungen beim rituellen Gebet, beim Fasten und bei der Wallfahrt, in der Werbung für den Islam und im bewaffneten Kampf zur Ausbreitung und Verteidigung der muslimischen Gemeinschaft einschließen.

gungen beim rituellen Gebet, beim Fasten und bei der Wallfahrt, in der Werbung für den Islam und im bewaff-neten Kampf zur Ausbreitung und Verteidigung der mus-limischen Gemeinschaft einschließen. Einsatz und Kampf gelten als Wille Allahs und sind deshalb für Muslime ebenso verpflichtend wie das rituelle Gebet und die Ab-gabe für die Armen. Glaube und Einsatz für Allah gehö-ren zusammen: *„Ihr müsst an Gott und seinen Gesand-ten glauben und mit eurem Vermögen und in eigener Person um Gottes willen Krieg führen ..."* (Sure 61,11).

„Diejenigen, die glauben und [aus Mekka] *ausgewandert sind und um Gottes willen Krieg geführt haben, und diejenigen, die* (ihnen) *Aufnahme gewährt und Beistand geleistet haben, das sind die wahren Gläubigen"* (8,74).

Djihad als Eifer oder Kampf für Allah

Die Formel „auf dem Wege Allahs" bzw. „um Gottes Willen", die im Koran an zahlreichen Stellen direkt oder indirekt in Verbindung mit dem Djihad erscheint, drückt die Anweisung zu Eifer und Kampf aus, schränkt diese aber auch ein. Der Djihad muss dem Willen Allahs entsprechen und der Umma dienen. Verboten ist ein Kampf, der von eigensüchtigen Interessen einer Person, einer Gruppe oder eines Volkes bestimmt wird. Die im Kampf gemachte Beute gehört dem islamischen Staat und alle Machtausübung soll den Geboten Allahs folgen. Insofern ist die im Westen verbreitete Wiedergabe von Djihad und Qital als „heiliger Krieg" durchaus gerechtfertigt. Muslime lehnen diesen Ausdruck allerdings ab, weil der Islam nicht zwischen profanen und heiligen Lebensbereichen unterscheidet.

Ein Problem besteht darin, dass viele Koranaussagen sich mit Andeutungen begnügen, die den ersten Hörern der Verkündigung Mohammeds verständlich waren, aber später nicht mehr eindeutig erklärt werden konnten. Dieser Umstand kam einer Allegorisierung des Koraninhalts entgegen. Allerdings hat es immer auch Ausleger gegeben, die alle Koranabschnitte einer Episode im Leben Mohammeds zuordneten und damit seine Biografie zum Schlüssel für das Verstehen machten. Manchmal erscheint diese Zuordnung willkürlich und verhindert ein unvoreingenommenes Verstehen. Eine historisch-kritische Auslegung des Korans gibt es bis jetzt auf muslimischer Seite fast nicht.

Die Übersetzungen ins Deutsche geben das Verb „eifern" und seine Ableitungen unterschiedlich wieder. Henning (Reclam 1991) spricht normalerweise vom „Streiten" oder „Eifern", nur zweimal vom „Kämpfen". Paret (Kohlhammer 2001) übersetzt „Krieg führen" oder „kämpfen", dreimal „sich abmühen" und einmal „jemandem zusetzen". Rassoul (Köln 2000) verwendet normalerweise „kämpfen", seltener „sich einsetzen", „eifern" und „wetteifern". In der Tat können die meisten Belegstellen so verstanden werden, dass sie sich auf den bewaffneten Kampf gegen die Heiden in Mekka oder gegen die Widerständler in Medina beziehen.

Bei einigen Stellen lässt sich das aus dem Inhalt und dem Kontext allerdings nicht sicher erweisen. Ziemlich eindeutig ist Sure 8 (Verse 72, 74 und 75), da sich große Teile auf die Schlacht von Badr beziehen. Auch in Sure 9 ist der Eifer für Allah relativ eindeutig ein militärisches Kämpfen (Verse 16, 19, 20, 24, 41, 44, 73, 81, 86 und 88). Der Befehl zum „Ausrücken" und die Polemik gegen das „Daheimbleiben" (Verse 41-47 und 81-90) können sich nur auf einen Kriegszug beziehen. In Sure 66 könnte an Auseinandersetzungen mit opportunistischen Muslimen („Heuchlern") und „Ungläubigen" (Heiden, Juden) in Medina gedacht sein: *„Prophet! Führe Krieg gegen die Ungläubigen und die Heuchler ... und sei hart gegen sie!*

Die Hölle wird sie (dereinst) *aufnehmen – ein schlimmes Ende!"* (Vers 9)

Zum Eifer für Allah gehört die Auswanderung aus dem feindlichen Mekka nach Medina und der Kampf gegen die Feinde des Islams mit dem Einsatz von Besitz und Leben (Henning: „Gut und Blut"): *„Diejenigen, die glauben, und diejenigen, die ausgewandert sind und um Gottes willen Krieg geführt haben, dürfen auf die Barmherzigkeit Gottes hoffen"* (2,218).

Ziel des Einsatzes ist die Erlangung von Allahs Wohlgefallen, also das Paradies. Die nach Medina ausgewanderten Muslime mahnt der Koran, die Ungläubigen in Mekka nicht zu Freunden

Ziel des Einsatzes ist die Erlangung von Allahs Wohlgefallen, also das Paradies.

zu nehmen, *„wenn* (anders) *ihr in der Absicht, um meinetwillen Krieg zu führen, und im Streben nach meinem Wohlgefallen ausgezogen seid!"* (60,1). Der Koran kritisiert Muslime, die „daheimbleiben" (vermutlich in Medina), weil sie sich nicht an einem Kriegszug beteiligen, und verspricht den Kämpfenden den Lohn Allahs: *„Und nicht sind diejenigen Gläubigen, welche* (daheim) *ohne Bedrängnis sitzen, gleich denen, die in Allahs Weg streiten mit Gut und Blut … Allen hat Allah das Gute versprochen; aber den Eifernden hat Er vor den* (daheim) *Sitzenden hohen Lohn verheißen"* (4,95 nach Henning).

Der Einsatz geschieht also zum religiösen Vorteil der kämpfenden Muslime: *„Und wer da eifert, eifert nur für seine eigene Seele …"* (29,6 nach Rassoul). Denen, die Mekka verlassen haben, erweist Allah seine Barmherzigkeit: *„Alsdann wird dein Herr denen gegenüber, die* *auswanderten, nachdem sie verfolgt worden waren, und dann kämpften und geduldig blieben* – siehe (ihnen gegenüber) *wird dein Herr hernach gewiss Allverzeihend, Barmherzig sein"* (16,110 nach Rassoul). Die sich für Allah im Kampf abgemüht haben, *„haben* (dereinst) *Vergebung und vortrefflichen Unterhalt* (zu erwarten)" (8,74). Sie werden von Allah im Paradies bevorzugt: *„den Eifernden hat Er vor den* (daheim) *Sitzenden hohen Lohn verheißen"* (4,95 nach Henning).

Der Einsatz für Allah gilt als Übung der Geduld und Prüfung des Glaubens: *„Und wir werden euch bestimmt auf die Probe stellen, um diejenigen von euch, die Krieg führen und die geduldig sind, in Erfahrung zu bringen, und um ausfindig zu machen, wie es mit euch steht"* (47,31). *„Oder wähnt ihr, einzugehen in das Paradies, ohne dass Allah die Glaubensstreiter unter euch und die Standhaften erkannte?"* (3,142 nach Henning) Im Eifer kommen die Muslime Allah nahe: *„O ihr, die ihr glaubt, fürchtet Allâh und trachtet danach, Ihm nahezukommen, und kämpft auf seinem Weg, auf dass Ihr Erfolg haben mögt"* (5,35 nach Rassoul).

Bewaffneter Kampf

Die Ableitungen des Verbs „sich gegenseitig im Kampf töten" werden bei Henning, Paret und Rassoul fast durchgängig mit „kämpfen" übersetzt. Zum Beispiel spricht Sure 9,111 von Muslimen, die *„kämpfen und dabei töten oder den Tod erleiden"*. Dazu gehört das *„in Reih und Glied kämpfen fest wie eine Mauer"* (61,4).

Inhaltlich geht es meistens um die Kämpfe Mohammeds mit seinen Gegnern in Mekka und Medina. Wenige Ausnahmen nehmen auf die Geschichte Israels Bezug.

Das bewaffnete Kämpfen wird ebenfalls durch die Formel „auf dem Wege Allahs" bzw. „für Allahs Sache" sanktioniert: *„Die da glauben, kämpfen für Allahs Sache, und die nicht glauben, kämpfen für die Sache des Teufels …"* (4,76 nach Rassoul). Das bewaffnete Kämpfen ist nicht nur erlaubt, sondern den Muslimen befohlen: *„Und kämpft gegen sie* [die Ungläubigen]*, damit keine Verführung* [zum Unglauben] *mehr stattfinden kann und* (kämpft) *bis sämtliche Verehrung auf Allah allein gerichtet ist …"* (8,39 nach Rassoul). *„Euch ist vorgeschrieben, (gegen die Ungläubigen) zu kämpfen, obwohl es euch zuwider ist. Aber vielleicht ist euch etwas zuwider, während es gut für euch ist …"* (2,216). *„Siehe, Allah liebt diejenigen, welche in Seinem Weg in Schlachtordnung kämpfen …"* (61,4 nach Henning).

Die heidnischen Gegner der Muslime müssen vertrieben oder getötet werden: *„Und tötet sie, wo* (immer) *ihr sie zu fassen bekommt, und vertreibt sie, von wo sie euch vertrieben haben …"* (2,191). Mohammed soll die Muslime zum Kampf anfeuern: *„Prophet! Feure die Gläubigen zum Kampf an! Wenn unter euch zwanzig sind, die Geduld* (und Ausdauer) *zeigen, werden sie über zweihundert, und wenn unter euch hundert sind, werden sie über tausend von den Ungläubigen siegen"* (8,65).

Zahlreiche Koranverse dienen dazu, zögerliche Muslime vom Kampf zu

Das bewaffnete Kämpfen ist nicht nur erlaubt, sondern den Muslimen befohlen.

überzeugen: „*Hast du nicht jene gesehen, zu denen man* (anfänglich) *sagte: ‚Haltet eure Hände* (vom Kampf) *zurück und verrichtet das Gebet und gebt die Almosensteuer'? Als ihnen dann* (später) *vorgeschrieben wurde, zu kämpfen, fürchtete auf einmal ein Teil von ihnen die Menschen, wie man Gott fürchtet, oder* (gar) *noch mehr …*" (4,77). Den Widerstrebenden oder im Kampf Fliehenden droht der Koran das Gericht Allahs an: „*Ihr Gläubigen! Wenn ihr mit den Ungläubigen in Gefechtsberührung kommt, dann kehret ihnen nicht den Rücken! Wer ihnen alsdann den Rücken kehrt … der verfällt dem Zorn Gottes, und die Hölle wird ihn* (dereinst) *aufnehmen. Ein schlimmes Ende!*" (8,15f.)

Allah steht auf der Seite der für ihn Kämpfenden, ja Allah selbst tötet die Gegner: „*Nicht ihr habt sie erschlagen, sondern Allah erschlug sie. Und nicht du hast geschossen, sondern Allah gab den Schuss ab; und prüfen wollte Er die Gläubigen mit einer schönen Prüfung von Ihm*" (8,17 nach Rassoul). Er schenkt den Sieg: „*Wenn ihr gegen sie kämpft, wird Gott sie durch euch bestrafen, sie zuschanden machen, euch zum Sieg über sie verhelfen …*" (9,14 Paret).

Freilich mussten die Muslime auch Niederlagen hinnehmen. Der Koran begründet das damit, dass Allah prüft, wer die Heuchler sind, die es mit dem Islam nicht ehrlich meinen und sich mit fadenscheinigen Argumenten vor dem Kampf drücken: „*Und was euch am Tag, da die beiden Haufen aufeinander stießen,* (als Unglück) *traf, geschah mit Gottes Erlaubnis. Auch wollte er* (auf diese Weise) *die Gläubigen* (als solche) *erkennen. Und er wollte* (auf diese Weise) *diejenigen erkennen, die heucheln ... An jenem Tag waren sie dem Unglauben näher als dem Glauben"* (3,166f.).

Lohn des Kampfes

Der Koran verspricht den kämpfenden Muslimen das Paradies als Lohn: *„Und so soll kämpfen in Allahs Weg, wer das irdische Leben verkauft für das Jenseits. Und wer da kämpft in Allahs Weg, falle er oder siege er, wahrlich, dem geben Wir [Allah] gewaltigen Lohn"* (4,74 nach Henning). Durch den Tod im Kampf werden die Sünden getilgt und der Eingang ins Paradies zugesagt: *„Darum werde ich denen, die um meinetwillen ausgewandert und aus ihren Häusern vertrieben worden sind und Ungemach erlitten haben, und die gekämpft haben und (dabei) getötet worden sind, ihre schlechten Taten tilgen, und ich werde sie in Gärten eingehen lassen ..."* (3,195). Die Kämpfenden werden von Allah gegenüber den nicht kämpfenden „höher bewertet": *„Allah hat die mit ihrem Gut und Blut Kämpfenden über die, die daheimbleiben, im Rang um eine Stufe erhöht. Jeden von beiden aber hat Allah Gutes verheißen; doch die Kämpfenden hat Allah vor den Daheimbleibenden durch großen Lohn ausgezeichnet"* (4,95 nach Rassoul).

Der Koran begründet die Aufforderung zum Kampf damit, dass den Muslimen Unrecht geschehen ist: *„Die Erlaubnis, (sich zu verteidigen) ist denen [von Allah] gegeben, die bekämpft werden, weil ihnen Unrecht geschah – und Allah hat wahrlich die Macht, ihnen zu hel-*

fen – *jenen, die schuldlos aus ihren Häusern* [in Mekka] *vertrieben wurden, nur weil sie sagten: ‚Unser Herr ist Allah'"* (22,39f. nach Rassoul).

Weitere Gründe zum Kampf sind, dass die in Mekka verbliebenen Muslime unterdrückt werden (4,75), dass sie von den Gegnern bekämpft werden (2,190), dass die Gegner ungläubig sind und durch ihren Unglauben die Muslime zum Abfall vom Islam verführen wollen: „*Sprich* [Mohammed]: *‚Das Kämpfen in ihm* [im heiligen Monat] *ist schwerwiegend. Doch das Abbringen vom Weg Allahs und nicht an Ihn zu glauben und* (den Zutritt) *zur heiligen Moschee* [der Kaaba in Mekka] (zu verwehren) *und deren Bewohner daraus zu vertreiben, ist schwerwiegender vor Allah. Und die Verführung ist schwerwiegender als Töten'"*(2,217 nach Rassoul).

Der Koran wirft den Gegnern der Muslime vor, vertragsbrüchig zu sein und Mohammed vertreiben zu wollen: „*Wollt ihr nicht gegen Leute kämpfen, die ihre Eide gebrochen und den Gesandten am liebsten vertrieben hätten, wobei sie* (ihrerseits) *zuerst mit euch* (Feindseligkeiten) *anfingen?"* (9,13)

Gegen wen sich der Kampf richtet

Der Koran regelt den Kampf bis in Einzelheiten hinein. Er soll mit dem Vermögen und dem Leben der Muslime geführt werden: „*Siehe, Allah hat von den Gläubigen ihr Leben und ihr Gut für das Paradies erkauft ...*" (9,111 nach Henning). Wer nicht mit der Waffe kämpfen kann, soll wenigstens sein Vermögen zur Verfügung stellen. Der

Koran schränkt das Kämpfen auch ein. Friedliche „Ungläubige" sollen geschont und vertragliche Verpflichtungen eingehalten werden: *„mit Ausnahme derer, die zu Leuten gelangen, mit denen ihr ein Bündnis habt, und die zu euch kommen, weil ihre Herzen davor zurückschrecken, gegen euch oder gegen ihr eigenes Volk zu kämpfen …"* (4,90 nach Rassoul).

Beim Kampf soll also *„keine Übertretung"* geschehen (2,190). Wenn die Gegner sich zum Islam bekehren, soll der Kampf gegen sie beendet werden:

Die Gegner sind nicht immer eindeutig auszumachen. Es handelt sich aber auf jeden Fall um die Heiden von Mekka sowie die Juden und die wankelmütigen Araber von Medina.

„Und wenn nun die heiligen Monate abgelaufen sind, dann tötet die Heiden, wo (immer) *ihr sie findet, greift sie, umzingelt sie und lauert ihnen überall auf! Wenn sie sich aber bekehren, das Gebet verrichten und die Almosensteuer geben, dann lasst sie ihres Weges ziehen!"* (9,5) Andererseits verteidigt Sure 2,217 (s. o.) einen Kampf in einem Friedensmonat – entgegen der beduinischen Tradition – mit der Begründung, dass den Muslimen Unrecht widerfahren ist.

Als Ziel des Kämpfens nennt der Koran, dass nur noch Allah verehrt wird (8,39, s. o.). Gleichzeitig verspricht Allah den Muslimen viel Beute als Lohn für ihr Kämpfen – sicher für die Kämpfer ein sehr lohnendes Ziel: *„Allah hat euch viel Beute verheißen, die ihr machen werdet, und Er hat euch dies eilends aufgegeben und hat die Hände der Menschen von euch abgehalten …"* (48,20 nach Rassoul).

Die Gegner sind nicht immer eindeutig auszumachen. Es handelt sich aber auf jeden Fall um die Heiden von Mekka sowie die Juden und die wankelmütigen Araber von Medina. Die beiden letzteren Gruppen sind wohl nicht klar abzugrenzen. Sie werden Heuchler genannt, weil sie heimlich oder offen Widerstand gegen Mohammed leisten. Sie proben den Kampf, fliehen aber rasch (zum Beispiel 3,111). Sie halten ihre Abmachungen nicht ein und wollen Mohammed vertreiben (9,13, s.o.). Sie halten sich beim Kämpfen zurück, wollen aber nach Mohammeds Erfolgen mit in den Kampf ziehen, was ihnen verboten wird (9,83). Die jüdischen Stämme Medinas können sich nicht zu einem gemeinsamen Kampf gegen die Muslime aufraffen und werden deshalb von diesen vernichtet (59,11-14).

Der Koran benennt auch die Christen im Umfeld Mohammeds eindeutig als Gegner: *„Kämpft gegen diejenigen, die nicht an Gott und den jüngsten Tag glauben und nicht verbieten, was Gott und sein Gesandter verboten haben, und nicht der wahren Religion angehören – von denen, die die Schrift erhalten haben –, bis sie kleinlaut aus der Hand Tribut entrichten! ... Und die Christen sagen: ‚Christus ist der Sohn Gottes.‘ Das sagen sie nur so obenhin. Sie tun es denen gleich, die früher ungläubig waren. Diese gottverfluchten* (Leute)*!"* (9,29f.) Der Schluss ist eine Fluchformel. Wörtlich heißt sie: „Allah bekämpfe sie!" Vermutlich ist dabei an die Höllenstrafe gedacht.

Bei muslimischen Gelehrten ist es umstritten, wie konsequent die koranischen Anweisungen zu „Eifer" und

„Kampf" sowie die Nachahmung Mohammeds heute praktiziert werden dürfen. Die einen wollen das bewaffnete Kämpfen auf die Verteidigung der muslimischen Weltgemeinschaft beschränken (während die Scharia durchaus auch Angriffskriege rechtfertigt) und dieses Kämpfen allein den muslimischen Staaten überlassen. In der modernen Welt müsse die muslimische Weltgemeinschaft ihre Ziele mit Werbung, Politik und wirtschaftlichen Maßnahmen erreichen. Andere geben zwar zu, dass Mohammed in zahlreiche bewaffnete Auseinandersetzungen verwickelt war, und rechtfertigen sie damit, dass nur so das Überleben der frühen muslimischen Gemeinde gesichert werden konnte. Sie lehnen es aber ab, heute zum Schutz oder zur Ausbreitung des Islam Waffengewalt anzuwenden. Vielmehr sollen nach ihrer Meinung die Staaten alle Religionen in gleicher Weise schützen.

Bei muslimischen Gelehrten ist es umstritten, wie konsequent die koranischen Anweisungen zu „Eifer" und „Kampf" sowie die Nachahmung Mohammeds heute praktiziert werden dürfen.

Schließlich hat es immer eine Koranauslegung gegeben, die zur Vergeistigung der Texte neigt und im Leben Mohammeds ein ethisches Vorbild sieht. Aus „Eifer" und „Kampf" wird entweder ein Bemühen um die richtige Lebensgestaltung oder ein Kampf gegen das „Böse im Menschen".

Djihad im heutigen Islam

Die konsequent Konservativen aller Zeiten (vgl. dazu Kap. 8) wollten und wollen dagegen keine Kompromisse hinnehmen und die Scharia voll umsetzen. An diese Tradition knüpft der zeitgenössische Islamismus an. Die Djihadisten gehen noch einen Schritt weiter, indem sie hinter die Scharia zu Koran und Sunna zurückgehen und deren Anweisungen wörtlich in der Gegenwart praktizieren wollen. Viele von ihnen sind theologische und juristische Laien, die sich ihr fragmentarisches Wissen selbst angeeignet haben. Sie sehen in der materialistischen und sexistischen westlichen Kultur das zu bekämpfende Heidentum von Mekka. In den muslimischen Herrschern und Gelehrten, die sich mit dem Westen arrangieren, sehen sie die opportunistischen Muslime von Medina. Die hinterhältigen Juden von Medina sind für sie der moderne Zionismus, und die USA und ihre Verbündeten sehen sie in der Tradition des christlichen Reiches von Byzanz.

Da die meisten muslimischen Politiker und Rechtsgelehrten nach Ansicht der Djihadisten korrupt sind, bleibt ihnen als den „wahren Muslimen" nichts anderes übrig, als den Kampf selbst in die Hand zu nehmen. Da sie eine Minderheit sind und gegen einen übermächtigen Feind kämpfen, halten sie Bombenterror und Selbstmordattentate für Mittel, die von Allah legitimiert sind. Denn auch Mohammed erlaubte hinterhältige Überfälle auf seine mächtigen Feinde.

Fatal ist, dass der Djihadismus, vermutlich unbewusst, Gedanken des europäischen Faschismus übernommen hat. Denn man hält sich für die besten aller Menschen und sieht das gesamte Leben als Kampf für die eigene Ideologie an. Dabei macht es Djihadisten nichts aus, im Kampf umzukommen. Sie hoffen auf die Belohnung im Paradies; insofern ist die säkulare Ideologie des Faschismus religiös überhöht worden.

Es ist naiv zu meinen, die Djihadisten würden ihren Kampf beenden, wenn die USA und ihre Verbündeten sich aus der muslimischen Welt zurückzögen. Der Hauptfeind bleibt für sie der Westen mit seiner gottlosen Kultur, die sich mithilfe der modernen Medien auch in der muslimischen Welt ausbreitet. Aber auch die korrupten muslimischen Herrscher müssen beseitigt werden, und schließlich sollen sich alle Juden und Christen der muslimischen Herrschaft unterwerfen. Die Djihadisten haben langfristige Ziele, die den Zielen der frühen muslimischen Umma entsprechen. Es ist deshalb unrealistisch, in den Djihadisten nur ein paar Irrgeister zu sehen, die den wahren Islam pervertieren.

Da die meisten muslimischen Politiker und Rechtsgelehrten nach Ansicht der Djihadisten korrupt sind, bleibt ihnen als den „wahren Muslimen" nichts anderes übrig, als den Kampf selbst in die Hand zu nehmen.

Staatliche und gesellschaftliche Abwehrmaßnahmen sind sicher notwendig, um den Terrorismus einzudämmen, aber sie allein werden nicht ausreichen. Denn das eigentliche Problem liegt im Koran mit seinen militanten Anweisungen und in der Nachahmung Mohammeds. Die muslimische Militanz, ob staatlich oder außerstaatlich, wird – theoretisch – erst zum Ende kommen, wenn sich entweder eine muslimische Weltherrschaft durchsetzt oder der Weltislam auf seinen politisch-militärischen Anspruch verzichtet. Eine muslimische Weltherrschaft ist momentan nicht in Sicht, und die Beschränkung auf den religiösen Islam würde einem Verzicht auf wesentliche Teile des Korans und der Überlieferungen zum Leben Mohammeds gleichkommen. Das ist nicht zu erwarten und deshalb ist ein Ende muslimischer Gewaltanwendung nicht absehbar.

Wie dem Djihad begegnen?

Es bleiben einige kritische Anfragen. Nach Terrorakten, die auf das Konto von Muslimen gehen, wird von Politikern und muslimischen Funktionären betont, dass der Islam grundsätzlich friedlich sei und dass die Terroristen dem Islam zuwiderhandeln. Kaum jemand wagt öffentlich zu sagen, dass der Islam bei seiner Entstehung eine militante Glaubens- und Gesellschaftsordnung schuf und seine Militanz sowohl vom Koran als auch von der Literatur über das Leben Mohammeds gestützt wird. Das Vorbild Mohammeds hat zu allen Zeiten Muslime zum Kampf inspiriert und es ist kein Geheimnis, dass heute in aller Welt radikale Prediger, extremistische Autoren und gehässige Stimmen im Internet zum Kampf aufrufen. Es gehört im Islam zu einem weitgehend akzeptierten Konsens, dass Mohammed das große Vorbild für die Lebensgestaltung der Muslime ist. Da Mohammed in viele bewaffnete Kämpfe verwickelt war, die er jeweils mit der Erlaubnis und dem Befehl Allahs rechtfertigte, ist der bewaffnete wie der unbewaffnete Einsatz für Allah im Grunde ein „heiliger Krieg".

Es wäre schon viel gewonnen, wenn Muslime die kriegerische Geschichte des frühen Islams voll anerkennen und die Rede vom grundsätzlich friedlichen Islam aufgeben würden. Denn die Anfänge sagen viel über das wesentliche Verständnis einer Glaubensweise aus.

Da Mohammed in viele bewaffnete Kämpfe verwickelt war, die er jeweils mit der Erlaubnis und dem Befehl Allahs rechtfertigte, ist der bewaffnete wie der unbewaffnete Einsatz für Allah im Grunde ein „heiliger Krieg".

Noch mehr wäre gewonnen, wenn muslimische Koranausleger sich dazu entschließen könnten, die Texte konsequent historisch auszulegen und ehrlicher wahrzunehmen. Die Frage, ob in der „Erlaubnis zum Kämpfen" nicht ein – durchaus verständliches – menschliches Bedürfnis religiös überhöht worden ist, dürfte dann kein Tabu mehr sein. Der Koran selbst gibt ja zu, dass es im Blick auf das „Kämpfen auf dem Weg Allahs" schon zu Mohammeds Zeiten offene Fragen, Unstimmigkeiten und viel Heuchelei gegeben hat. Die Geschichte der Umma – wie natürlich auch die der Kirche – zeigt schließlich, was geschieht, wenn menschliches Machtbedürfnis religiös überhöht wird.

Unterschied zum christlichen Glauben

In dieser Verbrämung liegt meines Erachtens das eigentliche Problem des Korantextes. Durch die religiöse Überhöhung von Gewalt verschleiert er das tiefste menschliche Problem – die offene und heimliche Rebellion gegen Gott. Hier sehe ich einen wesentlichen Unterschied zwischen Islam und Evangelium. Indem Jesus Christus der satanischen Versuchung zur Macht widerstand (Matthäus 4,8-10; 16,22f.; 26,39), hat er den Kern des Problems offengelegt. Das Sterben Jesu hat unleugbar deutlich gemacht, dass der menschliche Machtwahn nur in der Ohnmacht des Kreuzes überwunden werden konnte. Ich hoffe, dass Muslime sich mit den Unterschieden zwischen koranischer und biblischer Antwort beschäftigen und die koranische Sanktionierung des „Kampfes auf dem Wege Allahs" ehrlich hinterfragen werden.

Die christliche Kirche hat es in ihrer Geschichte weitgehend durchgehalten, Kirche und staatliche Gewalt zu unterscheiden. Allerdings haben seit dem 4. Jahrhundert Staaten versucht, Kirchen für ihre Belange in Dienst zu nehmen; umgekehrt haben Kirchen Staaten zu militärischen Aktionen aufgerufen und ihre Waffen gesegnet. Aber nur in wenigen Fällen haben Kirchen und Christen als Kirchen Kriege geführt. Wenn wir die gesamte Kirchengeschichte überblicken, waren die Kirchen vielmehr oft im Konflikt mit Staaten und hatten unter Verfolgung zu leiden. Dies sollte angesichts vieler Kli-

Durch die religiöse Überhöhung von Gewalt verschleiert er das tiefste menschliche Problem – die offene und heimliche Rebellion gegen Gott.

scheebilder festgehalten werden. An diesem Punkt unterscheidet sich die Christenheit deutlich vom Islam, der gerade die Einheit von Staat und Religion praktiziert.

Vor allem aber können sich Christen, wenn es um die Anwendung von Gewalt geht, nicht auf das Neue Testament berufen. Die wahre Kirche Jesu Christi lehnt alle eigene Gewalt ab und überlässt diese dem Staat (Römer 13,1ff.; Titus 3,1; 1. Petrus 2,13f.). Es ist deshalb irreführend, wenn heute oft islamischer und christlicher Fundamentalismus in einem Atemzug genannt werden. Christlicher Fundamentalismus (sofern dieser Ausdruck überhaupt angemessen ist) nimmt die Bibel in ihren Aussagen ernst und kann weder bei Jesus noch bei den Aposteln Militanz finden. Anders als das alte Israel kennt die christliche Kirche keinen Kampf mit irdischen Waffen, sondern nur den Kampf mit den Waffen des Heiligen Geistes. Ihr Auftrag ist Mission und Diakonie in dieser Welt und das führt sie oft in Verachtung, Widerstand und Leiden.

Christen können sich, wenn es um die Anwendung von Gewalt geht, nicht auf das Neue Testament berufen.

Christen wissen um die sündigen Seiten jeder Gesellschaft und Kultur und glauben, dass nur Umkehr zu Gott einer Gesellschaft hilft. Deshalb werden Christen angesichts des muslimischen Terrors ihre Bemühungen in Mission und Diakonie intensivieren und vermehrt beten – für eine Umkehr des Westens zu Gott, für Veränderungen im Islam, für bedachte Abwehrmaßnahmen der gefährdeten Staaten, um Frieden in den Gesellschaften, um Trost für die Angehörigen der Opfer und für die Bekehrung der Terroristen.

5. Richtungskämpfe innerhalb der islamischen Bewegung

Die vom Islam geprägte Bewegung bietet heute ein Bild der Zerrissenheit. Um die Hintergründe verstehen zu können, ist ein Blick in die Vergangenheit notwendig. Von „Bewegung" spreche ich, weil die Muslime keine einheitlichen Organisationsformen kennen. In allen muslimisch geprägten Ländern ist die Zuordnung von Religion und Staat unterschiedlich. Wo der Islam staatlich geschützt und gefördert wird, gibt es immer auch abweichende muslimische Gruppen. Vor allem aber haben sich die Muslime in den letzten 200 Jahren über die ganze Welt ausgebreitet und leben deshalb als Minderheiten in vielen Gesellschaften.

Die durch Mohammed in Mekka angestoßene Bewegung hatte sich in Medina zu einer alle Lebensbereiche umfassenden Ordnung, das heißt zu einem religiös begründeten Staat entwickelt. In dieser ersten muslimischen Gemeinschaft gab es keine Trennung in einen weltlichen und einen religiösen Bereich, keinen Klerus und keine Hierarchie. Alle Muslime unterstanden in gleicher Weise den Geboten Allahs, wie Mohammed sie verkündigt hatte.

Diese Einheit hatte keinen langen Bestand. Die Auseinandersetzungen um das richtige Verständnis des Islams führten zu vielen Spaltungen und Kämpfen. Da die muslimische Bewegung von Anfang an politisch geprägt war, wurden viele Auseinandersetzungen mit Gewalt ausgetragen. Gleichzeitig gab es immer wieder Erneuerungs- und Reformbewegungen.

Sunniten und Schiiten

Gleich nach dem Tod Mohammeds (632 n. Chr.) kam es zu unterschiedlichen Auffassungen über die Nachfolge in der Leitung der muslimischen Gemeinschaft. Aus diesem Machtkampf entstanden die beiden Hauptrichtungen, die als Sunniten (deutsch etwa „Verfechter der Gewohnheiten Mohammeds") und Schiiten (deutsch etwa „Parteigänger Alis") bekannt sind. Die Prozentzahlen der Anhänger dieser oder jener Richtung wechselten im Laufe der Geschichte. Schließlich setzte sich der Sunnismus durch, zu dem heute etwa 85-90% aller Muslime gehören.

Der Schiismus hat sich in eine Fülle recht unterschiedlicher Gruppen gespalten, die oft in Opposition zur staatlichen Gewalt standen. Nur in Persien (Iran) machte der Schah im 16. Jahrhundert den Imamismus (Zwölfer-Schiismus) zur staatlich geförderten Religion. Seit der Revolution von 1979 versteht sich der Iran als Anwalt aller Schiiten weltweit und betreibt eine schiitische Machtpolitik. Er schmiedete eine schiitische Achse, die über Irak und Syrien bis zum Libanon reicht, und beeinflusste die Schiiten auf der Arabischen Halbinsel (in Bahrain und Jemen). Die zahlreichen Konflikte zwischen schiitischen und sunnitischen Kräften in den letzten Jahrzehnten zeigen, dass die Gegensätze offenbar unüberwindbar sind.

Der sunnitische Hauptstrom ist lehrmäßig einigermaßen homogen, kennt aber keine Institutionen (vergleichbar den kirchlichen Synoden und Konzilien), die Lehre und Recht verbindlich festlegen. Letztlich verhalf die staatliche Autorität des Kalifats dem Sunnismus zum Sieg und zu relativer Einheitlichkeit.

Das 1918 untergegangene Osmanische Reich war das letzte sunnitisch geprägte Großreich. Die moderne Türkei unterstellte den Islam staatlicher Bevormundung. Seitdem konkurrieren Ägypten mit der Al-Azhar-Universität in Kairo und Saudi-Arabien mit den kultischen Zentren Mekka und Medina um die Vorherrschaft in der sunnitischen Welt. Saudi-Arabien erhob die im 18. Jahrhundert entstandene sunnitisch-puritanische Reformbewegung des Wahhabismus (vgl. Kap. 8) zur Staatsdoktrin, während die sunnitische Gesellschaft in Ägypten viel pluralistischer geprägt ist. Diese Beispiele machen deutlich, wie sehr das Verhältnis zwischen Staat und Islam von Land zu Land variieren kann.

Gleich nach dem Tod Mohammeds kam es zu unterschiedlichen Auffassungen über die Nachfolge in der Leitung der muslimischen Gemeinschaft. Aus diesem Machtkampf entstanden die beiden Hauptrichtungen, die als Sunniten und Schiiten bekannt sind.

In den Kämpfen um die Nachfolge Mohammeds war bereits im 7. Jahrhundert die Einheit von religiöser und politischer Ordnung zerbrochen. Denn der fünfte Kalif, Muawja (Damaskus), hatte das Kalifat an sich gerissen, ohne nach dessen religiöser Legitimation zu fragen. Mit ihm begann die Verselbstständigung politischer Macht als ein durchgängiges Merkmal der Geschichte der Umma. Seitdem führte der religiöse Islam mit seinen Moscheen,

Lehrstätten und religiösen Bruderschaften ein gewisses Eigenleben. Normalerweise musste er sich gegen eine Instrumentalisierung durch die politische Klasse wehren. Man hielt im gelehrten Islam immer daran fest, dass der „wahre Islam" eine Einheit unter einem religiös legitimierten Herrscher ist. Deshalb hat das Auseinanderklaffen zwischen politischer Macht und religiösem Leben die Reformer aller Jahrhunderte, aber besonders in der Neuzeit, angespornt, die ursprüngliche Einheit wiederherzustellen.

Sowohl innerhalb des Sunnismus als innerhalb der schiitischen Gruppen gab es lange Zeit eine Dreiteilung der Bevölkerung in religiöser und geistiger Hinsicht. An der Spitze stand eine kleine Schicht von gut gebildeten Muslimen, angeführt von den Professoren an den islamischen Lehrstätten bis hinunter zum einfachen Vorbeter und Prediger in einer Dorfmoschee. Ihnen gegenüber stand die große Masse des Volkes, die nicht gebildet war und bestenfalls einige Korantexte auswendig kannte. Diese Muslime praktizierten einen Minimalislam, der mit vielen heidnischen Elementen (Gräberkult, Amulettwesen u.a.) durchsetzt war und allgemein als Volksislam bezeichnet wird. In der Mitte zwischen diesen beiden Gruppen war der mystische Islam (Sufismus) angesiedelt, der in ordensähnlichen Gemeinschaften organisiert war und neben dem offiziellen Ritus (Pflichtgebet, Fasten usw.) zusätzliche religiöse Übungen praktizierte. Er wirkte sowohl in

Man hielt im gelehrten Islam immer daran fest, dass der „wahre Islam" eine Einheit unter einem religiös legitimierten Herrscher ist.

den gelehrten Islam als auch in den Volksislam hinein und beeinflusste dadurch einen beträchtlichen Teil der Muslime.

Entwicklungen in der Moderne

Die traditionelle Aufteilung des religiös-geistigen Spektrums hat sich jedoch in den letzten 200 Jahren völlig verändert. Wesentliche Gründe dafür sind sowohl die moderne schulische Bildung als auch die Auseinandersetzung der muslimischen Welt mit den Philosophien, Kulturen und Staatsformen, die sich im Westen seit Renaissance und Aufklärung entwickelt hatten. Während Europa ab 1500 n. Chr. einen ungeahnten Aufbruch erlebte, verharrten die muslimischen Gesellschaften seit dem Hochmittelalter in Stagnation und Niedergang. Europa erfuhr eine große Bevölkerungs- und Bildungsexplosion, die es möglich machte, dass die Europäer große Teile der muslimischen Welt unter ihre politische Kontrolle und unter ihren geistigen Einfluss brachten.

Zunächst hatten die muslimischen Gelehrten kaum die Kraft, die Auseinandersetzung mit den überlegenen Europäern aufzunehmen, aber seit der Mitte des 19. Jahrhunderts regte sich überall geistiger und politischer Widerstand. Heute stehen wir vor dem Ergebnis dieses langen Ringens. Dadurch ist die muslimische Welt noch vielfältiger geworden, als sie es ohnehin schon war.

Viele westlich gebildete Muslime nahmen das Gedankengut der Aufklärung begeistert auf. Sie wollten den Einfluss des Islams auf den Bereich persönlicher Frömmigkeit beschränken und die Gesellschaft vom Diktat der muslimischen Autoritäten emanzipieren. Dabei entwickelten sich die einen zu Humanisten, andere zu Sozialisten und wieder andere zu Nationalisten. Ganz grob lässt sich sagen, dass nationalistische und sozialistische Bewegungen von etwa 1900 bis etwa 1970 den Diskurs und die Politik in der muslimischen Welt dominierten. Muslimische Humanisten waren vor allem unter Professoren und Schriftstellern zu finden.

Eine gegenläufige Bewegung führte zu dem heute dominierenden Islamismus (vgl. Kap. 7). Sie begann in der zweiten Hälfte des 19. Jahrhunderts und ist als „Reformislam" bzw. Salafismus (vgl. Kap. 1) bekannt. Die Vertreter dieser Bewegung wollten einerseits hinter die erstarrte Tradition zurück zu dem nach ihrer Meinung reinen Islam der Frühzeit, andererseits vertraten sie einen bewusst rationalistischen und insofern modernen Islam. Sie wollten den Nachweis erbringen, dass Islam und modernes wissenschaftliches Denken keine Gegensätze sind. Sie vertraten einen idealen Islam und suchten eine Reformation der muslimischen Welt „an Haupt und Gliedern", also auch in den politischen Strukturen.

Vom Reformislam zum Islamismus

Im 20. Jahrhundert gingen politisch denkende Reformmuslime einen Schritt weiter. Sie begnügten sich nicht mit der Werbung für den Reformislam, sondern gründeten Gemeinschaften, in denen der reine Islam gelebt werden sollte. In Ägypten entstand die *Muslimbruderschaft*, in Pakistan wurden die *Islamischen Gemeinschaften* gegründet. Ihre Denker entwickelten den Reformislam zu einem ideologischen System mit einem politischen Machtanspruch („Neo-Salafismus"). Die ganze muslimische Gesellschaft sollte in diesem Sinne verändert werden. Der Islamismus wurde mehr und mehr zu einer revolutionären Bewegung, aber die Wege zum Erreichen der Ziele blieben umstritten. Die Mehrheit der sogenannten Islamisten verfolgte eine friedliche Revolution durch Überzeugungsarbeit, vorbildliches Handeln und Ausnutzung erlaubter politischer Methoden.

Die extremistischen Islamisten gaben sich damit nicht zufrieden. Sie respektierten das Gewaltmonopol ihrer jeweiligen Staaten nicht und rechtfertigten den bewaffneten terroristischen Kampf mit dem Vorbild Mohammeds. Sie begründeten ihre Handlungsweise damit, dass Mohammed mit Allahs Erlaubnis Kriege gegen die „Ungläubigen" geführt hatte. Ungläubig sind aus ihrer Sicht nicht nur alle Nichtmuslime, sondern auch jene Muslime, die nicht konsequent islamisch leben. Der „gottlose" Westen mit seiner säkularen Kultur und seinem „verderblichen Einfluss" auf die Muslime gilt den Extremisten dabei als Hauptfeind.

Ihre Denker entwickelten den Reformislam zu einem ideologischen System mit einem politischen Machtanspruch („Neo-Salafismus").

Die Ideen des Islamismus haben in den letzten Jahrzehnten auch die traditionellen Schichten der muslimischen Gesellschaften durchdrungen. Orthodox gebildete Muslime konnten sich dem Einfluss des Islamismus nicht entziehen. Auch die Sufi-Gemeinschaften sind teilweise vom politischen Islam beeinflusst worden. Zurückgegangen ist der Bereich des Volksislam. Waren früher die Frauen der Hort der volksislamischen Tradition, so gibt es heute zahlreiche gebildete Musliminnen, die islamistisches Gedankengut vertreten. Ein wesentlicher Grund für diese ganze Entwicklung war die Einführung der Schulpflicht und die Gründung zahlreicher Hochschulen in kürzester Zeit. Die Zahl der Schüler und Studenten wuchs explosionsartig. Das führte zu einer oberflächlichen Halbbildung. Sie machte viele junge Muslime für die einfachen Lösungen des Islamismus anfällig.

Natürlich gibt es alle genannten Richtungen in fließenden Übergängen, sodass wir vor einem recht unübersichtlichen Bild stehen. Zu bedenken ist auch, dass viele Menschen durch die Medien leicht zu beeinflussen sind und deshalb die Hauptmasse der muslimischen Bevölkerungen in wechselnder Weise bestimmten aktuellen Trends folgt. Nur durch freie Wahlen und unabhängige Meinungsumfragen ließe sich wirklich feststellen, welche Trends derzeit vorherrschend sind. Da es fließende Übergänge zwischen den verschiedenen Richtungen gibt, sind alle Schätzungen mit einer gewissen Vorsicht zu betrachten.

Traditionalisten und Radikale

Nach allgemeiner muslimischer Überzeugung ist der Islam keine Religion unter vielen, sondern die einzig legitime Weise des menschlichen Verhaltens gegenüber dem einen Gott. Jeder Mensch trage in sich die Bestimmung, Muslim zu sein. Seit Adam seien alle Menschen Muslime gewesen, sofern sie nicht neben Allah andere Gottheiten verehrten. Der Islam sei durch die an Mohammed ergangenen Offenbarungen lediglich „vollendet" worden.

Nach dem Koran ist die muslimische Umma „*die beste Gemeinschaft, die unter den Menschen entstanden ist. Ihr gebietet, was recht ist, verbietet, was verwerflich ist, und glaubt an Gott*" (Sure 3,110). Da die Geschichte anders verlief, sahen schon immer viele Muslime die Spaltungen, Kämpfe, Kriege und Lehrauseinandersetzungen als Katastrophe an. Die Wirklichkeit entsprach in keiner Weise dem koranischen Ideal. Im Mittelalter entstanden zahlreiche Werke über die Spaltungen, in denen man die verschiedenen „Sekten" ausführlich beschrieb. Je nach Standpunkt des Verfassers stufte er diese oder jene Gruppen als „ungläubig" ein. Deshalb kritisierte der große Theologe Ghazali (gestorben 1111 n. Chr.), dem die Einheit der sunnitischen Gemeinde ein besonderes Anliegen war, seine Gelehrtenkollegen, dass sie wegen geringfügiger Meinungsunterschiede Gegner als „Ungläubige" brandmarkten.

Im Blick auf die Einheit der Umma hat es immer zwei gegensätzliche Richtungen gegeben. Den meisten sunnitischen Gelehrten und auch den Vertretern des schiitischen Staatsislam in Persien war an der Einheit innerhalb ihrer Gesellschaften gelegen. Ihnen waren alle „Neuerungen" verdächtig, da sie zu Spaltungen führten. Einer Minderheit dagegen ging es um die „reine Lehre", so wie sie diese verstanden, und diese Leute tendierten oft zum

Separatismus und Radikalismus. Sowohl innerhalb des Sunnismus als auch besonders innerhalb des Schiismus hat es diese Tendenzen zur Radikalität gegeben.

Auch heute finden wir Vertreter beider Richtungen. Die der Tradition verhafteten Autoritäten warnen vor Radikalismus und mahnen zu Mäßigung, Verständigung und behutsamer Anpassung an die Moderne. Ihnen ist der revolutionäre Islam oder gar der Terrorismus ein Gräuel. Die Radikalen dagegen wollen einen reinen Islam, wie ihn Mohammed nach ihrer Überzeugung in Medina schuf. Für sie sind alle Gemäßigten Verräter, Heuchler und Opportunisten.

Den meisten sunnitischen Gelehrten und auch den Vertretern des schiitischen Staatsislam in Persien waren alle „Neuerungen" verdächtig, da sie zu Spaltungen führten. Einer Minderheit dagegen ging es um die „reine Lehre", so wie sie diese verstanden, sie tendierten oft zum Separatismus und Radikalismus.

Die Umma wird weiterhin mit ihren Spaltungen, Brüchen und unterschiedlichen Richtungen leben müssen. Es ist heute schwer zu sagen, in welche Richtung sich die muslimische Welt weiterentwickeln wird. Nichtmuslime tun gut daran, genau hinzuschauen und nicht falschen Klischeebildern vom Islam als generell friedlich oder generell kämpferisch zu erliegen. Die Achtung vor den muslimischen Mitmenschen gebietet es, die Vielfalt und Gegensätzlichkeit innerhalb der muslimischen Gesellschaften wahrzunehmen.

Muslime in Mitteleuropa

Im deutschsprachigen Raum haben wir eine besondere Situation. Das hängt mit der Anwerbung von „Gastarbeitern" aus der Türkei, aus dem ehemaligen Jugoslawien und aus Nordafrika zusammen. Hinzu kommen die zahlreichen Flüchtlinge und Migranten aus diesen und anderen Ländern des Mittelmeerraumes. Die meisten gehören zur sunnitischen Richtung des Islams, in Deutschland haben wir aber auch einen hohen Anteil von Aleviten, die ihre Distanz zum Islam betonen und sich mehrheitlich als eine eigene Religionsgemeinschaft verstehen. Da derzeit viele Muslime aus Problemländern nach Europa strömen und gleichzeitig manche in ihre Herkunftsländer zurückkehren, sind verlässliche Zahlen kaum anzugeben. Das Nachschlagewerk und Gebetbuch „Operation World" schätzte für 2010 eine muslimische Wohnbevölkerung von etwa fünf Millionen für Deutschland, Österreich und die Schweiz.

Die meisten gehören zur sunnitischen Richtung des Islams, in Deutschland haben wir aber auch einen hohen Anteil von Aleviten, die ihre Distanz zum Islam betonen und sich mehrheitlich als eine eigene Religionsgemeinschaft verstehen.

Der Islam versteht sich von seinem Ursprung her als eine Volksreligion und kennt keine verfassten Gemeinden. Man geht zum Gebet in diese oder jene Moschee seiner Wahl. Im deutschsprachigen Raum mussten sich die Muslime in Moschee-Vereinen organisieren, aber deren Mitgliederzahlen sind kleiner als die Zahl der Menschen, die sich zu Gebet und anderen Veranstaltungen in den

Moscheen treffen. Deshalb ist es nicht leicht zu sagen, wie viele Muslime sich jeweils zu den unterschiedlich geprägten Gemeinde-Verbänden halten. Auch die Ergebnisse repräsentativer Umfragen sind mit Vorsicht zu betrachten, da die meisten Menschen aus den orientalisch geprägten Kulturen nicht gewohnt sind, ihre persönliche Meinung in der Öffentlichkeit ehrlich preiszugeben. Hinzu kommt schließlich, dass die persönlichen Einstellungen „im Fluss" sind und sich rasch ändern können. Das gilt vor allem für die heranwachsende Generation. Junge Muslime verlieren entweder den Kontakt zur Moschee oder sie wenden sich einem Alternativislam zu. Das kann ein moderner Popislam oder ein radikal-salafistischer Islam sein.

Unterschiedliche Einstellungen in der muslimischen Bevölkerung

Im Blick auf die religiöse Prägung der Muslime im deutschsprachigen Raum sind deshalb meines Erachtens nur vage Schätzungen möglich. An erster Stelle ist das große Spektrum jener Menschen zu nennen, die den Islam nicht praktizieren, sich aber aus Gründen der Kultur und Tradition noch als Muslime verstehen. Dieses Spektrum geht fließend über zu jenen Menschen, die im Ramadan fasten und ab und zu daheim oder in der Moschee, besonders an Festtagen, das rituelle Gebet vollziehen. Dann sind diejenigen zu nennen, die eine dauerhafte Bindung an bestimmte Moscheen haben und den

Islam ernsthaft praktizieren. Sie könnten etwa ein Drittel der Muslime ausmachen. In ihrer Mitte gibt es Kreise, die der Sufi-Tradition folgen, aber vor allem ist der Islamismus unter ihnen stark verbreitet. Die Grenzen zwischen moderaten Islamisten, strengen Salafisten und extremistischen Muslimen sind fließend. Die von den Sicherheitsbehörden genannten Zahlen sind deshalb problematisch, weil sie nur die Mitgliederzahlen bestimmter Vereine und Gruppen erfassen. Wahrscheinlich müssen 10–15 % der Muslime dem islamistischen Spektrum im weiteren Sinne zugerechnet werden. Auf jeden Fall scheint dieses Segment zu wachsen. Die Gründe dafür sind vielfältig. Sie hängen unter anderem damit zusammen, dass viele jüngere Muslime in der säkularen und pluralistischen Gesellschaft verunsichert sind. Viele haben Erfahrungen des Scheiterns in Schule und Beruf, in Partnerbeziehungen und im Umgang mit Sex und Drogen gemacht. Sie suchen nach einem festen Halt und finden ihn, jedenfalls zeitweise, in einem radikal gelebten Islam. Viele fallen auf die demagogische Propaganda radikaler Prediger in bestimmten Moscheen und vor allem im Internet herein.

Die traditionellen Gesellschaften und die Großkirchen in unseren Ländern haben dieser innerislamischen Entwicklung wenig entgegenzusetzen. Die Behörden geben sich Mühe, Schaden von der Gesamtgesellschaft abzuwenden, aber im Grunde wäre ein tief gehendes Umdenken in Kirche und Gesellschaft nötig, um eine Antwort auf die Radikalisierungstendenzen in der

Wahrscheinlich müssen 10–15 % der Muslime dem islamistischen Spektrum im weiteren Sinne zugerechnet werden.

muslimischen Wohnbevölkerung zu finden. Da die Zahl der Muslime durch Zuwanderung und Geburtenreichtum zunimmt, stehen unsere Gesellschaften in Zukunft vor erheblichen Zerreißproben.

Haltung der muslimischen Mehrheit zur Gewalt

In diesem Zusammenhang ist die Frage zu stellen, wie „friedlich" die muslimischen Bevölkerungsgruppen in unseren Ländern sind. Bei der Berichterstattung über salafistische und terroristische Aktivitäten wird von Repräsentanten der deutschen Öffentlichkeit und der muslimischen Verbände fast reflexartig gesagt, dass die überwiegende Anzahl der hier lebenden Muslime doch „friedlich" sei. Selbstverständlich wollen die meisten der unter uns lebenden Muslime hier normal leben, sich bilden, durch Berufstätigkeit ihren Lebensunterhalt erwerben, in einer Familie leben und ihren persönlichen Interessen nachgehen. Dabei hat der Familienzusammenhalt einen hohen Stellenwert. Der Individualismus ist noch nicht so ausgeprägt wie bei vielen Menschen der säkularisierten Gesellschaft. Das heißt aber auch, dass die Fähigkeit zur Solidarisierung größer ist als bei säkularen Menschen. Bei Muslimen kommt hinzu, dass der Islam als eine einfache religiös-politische Ideologie seine Anhänger viel stärker solidarisieren kann, als dies etwa bei Christen der Fall ist. Es ist deshalb immer mit der Möglichkeit zu rechnen, dass viele der jetzt friedlich lebenden Muslime eines Tages aggressiv und kämpferisch werden, wenn ihnen in unseren Gesellschaften deutlichere Grenzen gesetzt würden oder wenn es weltweit im Blick auf die muslimischen Gemeinschaften zu noch größeren Konflikten kommen würde. Bis jetzt hegen manche „friedlichen Muslime" vielleicht nur heimliche Sympathien für die Erfolge radikaler Muslime. Das könnte sich in Konfliktsituationen aber schnell ändern und in öffentliche Unruhe umschlagen.

6. Der muslimische Kampf für Allah und die Kreuzzüge des Mittelalters

Heiliger Krieg

Der Ausdruck „heiliger Krieg" kommt wörtlich nicht im Koran vor. Das gilt jedoch auch für das Konzept des heiligen Krieges im Alten Testament, in dem das Kämpfen Gottes für sein Volk bezeugt wird: „Der Herr wird für euch streiten, und ihr werdet stille sein …" (2. Mose 14,14). Die Begründung des heiligen Krieges ist freilich in Altem Testament und Koran sehr unterschiedlich. Das Neue Testament schließlich kennt für die christliche Kirche nur einen „geistlichen Kampf", keinen Krieg mit menschlichen Waffen.

Muslime lehnen den Ausdruck „heiliger Krieg" normalerweise ab und benutzen lieber die koranischen Wendungen „Eifer für Allah" bzw. „Kämpfen auf dem Weg Allahs" (vgl. Kap. 4). Das hängt damit zusammen, dass der Islam eine Unterscheidung heiliger und profaner Lebensbereiche nicht kennt. Muslime werfen deshalb Christen vor, für ihr Kämpfen Ausdrücke zu verwenden, die ihnen fremd sind.

Für das alte Israel war alles heilig, was zu Gott gehörte. Da Gott sich für Israel in dessen Kämpfen mit den Völkern seiner Umgebung einsetzte, konnte dieses Streiten Gottes von Auslegern als heiliger Krieg bezeichnet werden. Israel erfuhr den Untergang der ägyptischen Streitmacht im Schilfmeer (2. Mose 14), das Einstürzen der Mauern Jerichos (Josua 6) und die Verwirrung seiner Feinde durch den

„Gottesschrecken" (Richter 7). Die Ehre des Sieges gehörte allein Gott. Deshalb musste der Richter Gideon das Heer der Israeliten drastisch reduzieren, bevor er die Feinde – lediglich mit Lärm, aber ohne Waffen! – angriff. Deshalb rief der Hirtenjunge David vor dem Kampf gegen den gepanzerten Riesen Goliat: „Denn des Herrn ist der Kampf" (1. Samuel 17,47). Im heiligen Krieg des alten Israel kämpften nur vordergründig Menschen, letztlich aber Gott selbst mit seinen göttlichen Waffen.

Kämpfen mit menschlichen Waffen gegen weltliche Feinde lehnte Jesus ab und mit ihm die erste Christenheit.

Für Jesus und die erste christliche Gemeinde waren nicht weltliche Feinde die Gegner, sondern Satan und die Mächte des Bösen. Jesus Christus und seine Gefolgsleute kämpften deshalb einen geistlichen Kampf. Paulus beschrieb in dem berühmten 6. Kapitel seines Briefes an die Gemeinde in Ephesus sowohl den Gegner als auch die zu benützenden Waffen. Kämpfen mit menschlichen Waffen gegen weltliche Feinde lehnte Jesus ab und mit ihm die erste Christenheit.

Kreuzzüge

Wie kam es dann zum Kreuzzugsgedanken? Ab 301 n. Chr. ließ sich das Volk der Armenier christianisieren. Die erste Volks- und Staatskirche entstand. Hundert Jahre später gab es die römische Reichskirche. Kirche, Volk und politische Macht gingen eine unheilige und ungeistliche Allianz ein. Zur Begründung zog man das irdische Kämpfen des alten Israel heran, vergaß aber, im gläubigen Stillesein (2. Mose 14,14) das Kämpfen Gott zu überlassen. Der nordafrikanische Kirchenvater Augustin (gestorben 430 n. Chr.) entwickelte in seiner Lehre vom Gottesstaat Gedanken, durch die Gewalt kirchlich legitimiert werden konnte. Als die römisch-katholische Kirche im 11. Jahrhundert gegenüber der weltlichen Gewalt erstarkte, rief sie die Fürsten zu Kreuzzügen gegen Juden, Muslime und abtrünnige Katholiken auf. Es ist eine große Tragik der Kirchengeschichte, dass christianisierte Völker im Namen Christi unzählige Menschen umgebracht haben. Das lässt sich nicht damit entschuldigen, dass zuvor muslimische Kämpfer im Namen Allahs riesige „christliche Gebiete" erobert hatten. Auf keinen Fall konnte man sich auf Jesus und die Apostel berufen. Martin Luther hat deshalb unter dieses mittelalterliche Denken einen Schlussstrich gezogen und den geistlichen Kampf wieder strikt vom weltlichen Krieg getrennt.

Bewaffneter Kampf im Islam

Muslime wissen einerseits vom Gerichtshandeln Allahs in der Geschichte der Völker, andererseits wissen sie sich vom Koran zum Kämpfen im Namen Allahs angespornt. Dieses ist nicht in das Belieben der Muslime gestellt, sondern eine von Allah befohlene Pflicht.

Der Oberbegriff für diese Pflicht heißt so viel wie „Bemühung, Eifer, Einsatz" (Djihad) und umfasst alle Bereiche des Lebens. Die Gläubigen sollen sich anstrengen, gute Muslime zu sein, die Gebote Allahs zu halten und dem Bösen zu widerstehen. Sie sollen sich aber auch dafür einsetzen, dass ihre Angehörigen Muslime werden bzw. als gehorsame Muslime leben. Und schließlich sollen sie dafür Sorge tragen, dass die Gesellschaft, in der sie leben, sich Allah unterordnet. Sie sollen deshalb das Böse in ihren Gesellschaften bekämpfen.

Zum Einsatz für Allah gehört also auch die Werbung für den Islam. Es ist irreführend, wenn Muslime heute behaupten, der Islam kenne keine Mission. Er nennt sie nur anders, begründet sie anders und übt sie anders aus. In aller Welt bemühen sich Muslime heute eifrig, Menschen für den Islam zu gewinnen. Dabei wird häufig mit Druck bis hin zur Gewalt gearbeitet. Der Einsatz für Allah soll zwar in erster Linie friedlich geschehen, der Islam kennt aber auch den bewaffneten Kampf für Allah. Der Koran (22,39) hat das bewaffnete Kämpfen für Allah ausdrücklich sanktioniert und damit begründet, dass der muslimischen Gemeinschaft (in Mekka) Unrecht zugefügt worden sei.

Deshalb wird heute oft betont, dass der Islam nur Verteidigungskriege kenne. Bei den angeblichen Verteidigungskriegen fällt allerdings die Unverhältnismäßigkeit von Ursache und Reaktion auf. Mohammed überfiel mit seinen Leuten die Karawanen der Mekkaner, da sie ihm das Leben schwer gemacht und ihn mit dem Tod bedroht hatten. Weil die Juden von Medina Mohammed nicht gefolgt waren und angeblich abfällige Äußerungen über ihn gemacht hatten, ließ er sie vertreiben und umbringen. Wenn ein Herrscher

Der Einsatz für Allah soll zwar in erster Linie friedlich geschehen, der Islam kennt aber auch den bewaffneten Kampf für Allah.

sich gegen die Aufforderung wehrte, Muslim zu werden, war das ein Grund, gegen ihn zu kämpfen und sein Reich zu erobern.

Die Geschichte muslimischer Herrschaft war und ist bis heute voll von überzogenen Rachemaßnahmen. Wenn Christen gegen die muslimische Unterdrückung aufbegehren, werden sie häufig übermäßig bestraft. Wenn heute ein Christ angeblich eine kritische Bemerkung über Mohammed gemacht hat, kann es sein, dass sein ganzes (christliches) Dorf von Muslimen zerstört wird. Wenn Christen in einem islamischen Land etwas zu selbstbewusst auftreten, müssen sie damit rechnen, dass ihre Geschäfte angezündet werden. Die gewalttätigen Reaktionen auf die 2005 in Dänemark veröffentlichten Mohammed-Karikaturen und auf eine 2006 von Papst Benedikt XVI. zitierte kritische Anfrage zu Mohammed zeigten das gleiche Muster.

Die islamischen Rechtsgelehrten erörterten in ihren Studien die Bedingungen und Mittel für den bewaffneten Kampf bis in alle Details. Danach darf nur die ordnungsgemäß berufene Führung der islamischen Gemeinschaft den bewaffneten Kampf anordnen. Die muslimischen Herrscher hielten sich jedoch oft nicht daran. Bis heute nehmen alle möglichen radikalen Gruppen für sich das Recht zum bewaffneten Kampf in Anspruch, da sie die jeweilige politische Führung als nicht islamisch genug ansehen.

Zum Krieg für Allah gehören auch die Unterdrückung der christlichen Mission und die Bestrafung solcher Muslime, die den Islam verlassen möchten. Auf den Abfall vom Islam steht nach allgemeiner Rechtsmeinung die

Todesstrafe. Der strenge Islam kennt keine Freiheit der Religion. Besonders in dieser Hinsicht erweist sich der „heilige Krieg" als ziemlich unheilig.

Gespräch heute

Unter Christen ist das mittelalterliche Kreuzzugsdenken in der Neuzeit mühsam überwunden worden, auch wenn es sich in Restbeständen noch hier und da regt. Auch im Islam gibt es Kräfte, welche die religiöse Legitimierung der Gewalt überwinden wollen. Sie beschränken den Islam auf seine religiös-ethische Seite und überlassen das Gewaltmonopol dem säkularen, demokratischen Staat. Für sie besteht der Kampf im Namen Allahs vor allem im Einsatz für Gerechtigkeit und Frieden. Andere Muslime sprechen vom Kampf gegen die bösen Neigungen im Herzen des Menschen. In der islamischen Mystik hat diese Vergeistigung des Kampfes für Allah eine lange Tradition.

Offensichtlich erkannte Mohammed nicht, dass Sünde und menschlicher Machtwille eng zusammenhängen. Deshalb musste ihm die Kreuzigung von Jesus Christus fremd bleiben.

In der Mystik kommen Muslime dem biblischen Denken am nächsten. Hier sind Brücken zum Gespräch und Möglichkeiten für ein gleichberechtigtes und friedliches Zusammenleben von Christen und Muslimen. Es ist jedoch eine offene Frage, ob die muslimische Weltgemeinschaft den Koran und die Tradition der Frühzeit derart vergeistigen kann, dass er das Gewaltmonopol einem säkularen Staat überlässt. Vorerst jedenfalls wird die

Menschheit weiterhin mit muslimischer Militanz leben müssen. Christen sollten sich dadurch nicht zu einem ähnlichen Denken und Verhalten provozieren lassen, wie es leider hin und wieder geschieht. Das ist z. B. der Fall bei Forderungen, das „christliche Abendland" bzw. unsere „christliche Gesellschaft" durch staatliche Maßnahmen vor muslimischen Einflüssen zu schützen. Der säkulare Staat kann aber nach seinem Selbstverständnis erst dann eingreifen, wenn seine Bürger durch muslimische Gewalt gefährdet werden.

Das eigentliche Problem liegt jedoch in der religiösen Begründung und Überhöhung menschlicher Gewalt. Während das Alte Testament menschliche Gewalt kritisch sieht und deshalb den Kriegen Israels durch Gott enge Grenzen gesetzt waren, werden Muslime durch den Koran zum gewaltsamen Kämpfen ermutigt. Offensichtlich erkannte Mohammed nicht, dass Sünde und menschlicher Machtwille eng zusammenhängen. Deshalb musste ihm die Kreuzigung von Jesus Christus fremd bleiben. Hier aber schlägt das Herz des Evangeliums. Jesus widerstand der Versuchung zu weltlicher Macht und fand dadurch die entscheidende Lösung für das Problem menschlicher Sünde.

7. Die fundamentalistische Seite des Islams

Muslimische Wortführer und auch manche westliche Politiker behaupten, dass der wahre Islam mit dem muslimischen Fundamentalismus (kurz Islamismus) nichts zu tun habe. Der wahre Islam sei friedlich und tolerant, der Islamismus dagegen eine moderne Verfremdung des Islam.

Um das beurteilen zu können, ist zunächst einmal eine Begriffsklärung nötig: Was ist Islamismus? Islamismus ist ein Sammelbegriff für alle neueren fundamentalistischen Richtungen im Islam. Ihre Vertreter stimmen darin überein, dass der Islam nicht nur ein religiöses, sondern auch ein politisches Programm hat. Glaube und Gesellschaft sollen untrennbar zusammengehören – wie in dem von Mohammed in Medina gegründeten Gemeinwesen. Nach diesem Verständnis soll der Islam nicht nur alle Menschen für ein Leben nach den Geboten Allahs gewinnen, sondern eine Weltordnung unter Allahs Herrschaft errichten.

Was ist Islamismus?

Drei Richtungen lassen sich unterscheiden. Die *friedlichen Islamisten* wollen eine islamische Gesellschaftsordnung durch Werbung für den Islam sowie durch soziale Aktion und politische Arbeit erreichen. Davon zu unterscheiden sind die *revolutionären Islamisten*, die durch politischen Umsturz die Macht übernehmen wollen. Schließlich gibt es die *terroristischen Islamisten*, die gegen alle vermeintlichen Feinde des Islams mit terroristischen Mitteln kämpfen und dabei den eigenen Tod in Kauf nehmen.

Die Übergänge sind fließend. Die Terroristen sind die kleinste Gruppe, haben aber ein weltweit operierendes Netzwerk aufgebaut und sind in der Lage, überall Angst und Schrecken zu verbreiten. Größer ist der Einzugsbereich des revolutionären Islamismus, der sowohl gegen alle „liberalen" muslimischen Regierungen als auch gegen „den Westen" kämpft. Am einflussreichsten ist jedoch der friedliche Islamismus, der weltweit breite Schichten der muslimischen Bevölkerungen erfasst hat. Je nach Land und Volk sind heute schätzungsweise 30 bis 50 % der Muslime von islamistischem Gedankengut beeinflusst.

Am einflussreichsten ist jedoch der friedliche Islamismus, der weltweit breite Schichten der muslimischen Bevölkerungen erfasst hat.

Die islamistische Bewegung ist heute die wirkungsvollste Richtung innerhalb des Weltislams. Daneben gibt es aber weiterhin die anderen Ausprägungen des Islams: die traditionell frommen und unpolitischen Muslime, die Sufis („Mystiker"), die Liberalen und schließlich die Masse der nicht praktizierenden Muslime.

Ideologische und fundamentalistische Lebenskonzepte entstehen durch Erfahrungen, bei denen sich Menschen infrage gestellt, herabgesetzt oder unterdrückt fühlen. Das kann an der islamischen Geschichte abgelesen werden. Die muslimische Welt, deren Zentren in den heißen Regionen der Erde liegen, hatte immer eine gewisse Tendenz zur Beharrung und Erstarrung, wurde aus ihrer Lethargie aber durch Provokationen von außen oder von innen aufgeschreckt. Muslime wurden kämpferisch, wenn sie sich gegen militärische Feinde von außen oder weltanschauliche Bedrohungen von innen zu wehren hatten. Es gehört zum Wesen der muslimischen Bewegung, dass sie sich gegen jede fremde Herrschaft und gegen jede gedankliche Infragestellung wehrt. Schon in der islamischen Frühzeit fand eine intensive Auseinandersetzung um den Einfluss der orientalischen Geistigkeit auf den Islam statt. Der entschiedene Gegner dieses Einflusses war Ibn Hanbal (780–855 n. Chr.), der Vater des islamischen Fundamentalismus (vgl. Kap. 8). Er forderte, den Koran sowie die Überlieferung vom Wirken und Reden Mohammeds und seiner Gefährten ganz wörtlich zu nehmen, und lehnte jede Relativierung ab. Mohammed und seine Gefährten wurden von ihm zu idealen Menschen hochstilisiert. Auf der militärisch-politischen Seite waren es der lange Widerstand des (christlichen) Reiches von Byzanz gegen den Ansturm der Araber und die europäischen Kreuzzüge (1098–1292), die Muslime zum Kämpfen anspornten.

In der Neuzeit waren die muslimischen Kernländer unter der langen türkisch-osmanischen Herrschaft erstarrt. Die Expansion der europäischen Kolonialmächte und ihr „aufgeklärtes" Denken riss die Muslime jäh aus ihrer Lethargie. Die Auseinandersetzungen begannen in großem Umfang im 19. Jahrhundert. Militärisch war die muslimische Welt zu schwach, um sich wehren zu können, aber geistig begann die Abwehr durch die „Reformer". Sie führten die Schwäche der Muslime darauf zurück, dass sie sich vom „wahren Islam" der Frühzeit zu weit entfernt hätten. Wie Ibn Hanbal glorifizierten sie Mohammed und seine Gefährten, taten dies im Gegensatz zu ihm aber dadurch, dass sie moderne Gedanken in den frühen Islam hineinlasen und ihn als aufgeklärt erscheinen ließen. Sie verteidigten den Islam gegen das westliche Denken, indem sie dieses im islamischen Sinne vereinnahmten. Die alten Quellen Koran und Sunna legten sie recht eigenwillig aus. Sie idealisierten sie und übertrugen sie willkürlich auf die moderne Zeit.

Die Reformer machten den Koran zur vermeintlich unangreifbaren Festung. Von hier aus war es ein kleiner Schritt zur Einbeziehung des gesellschaftlich-politischen Kampfes, den die großen Ideologen des Islamismus (zum Beispiel der Ägypter Qutb, ermordet 1966, und der Pakistaner Al-Maududi, gestorben 1979) vollzogen. Sie waren theologische und juristische Laien und übertrugen eine „wörtliche Koranauslegung" auf die moderne gesellschaftliche Situation. Sie erklärten den Islam für wahrhaft sozial, indem sie – vielleicht unbewusst – den westlichen Sozialismus für den Islam reklamierten. In Abwehr des europäischen Nationalismus erklärten sie die muslimische Umma zur idealen Nation. An diesen Beispielen wird deutlich, dass die islamistischen Denker in ihrer Kritik am westlichen Denken diesem doch teilweise verhaftet waren.

Die Idee der Einheit

Im Zentrum aller islamistischen Gedankengebäude steht die Idee der Einheit Allahs und der Einheit der menschlichen Gesellschaft unter der Herrschaft Allahs. In Weiterführung der Denkansätze der Reformer schritten die Islamisten aber zur gesellschaftlichen Aktion.

Dabei konnten sie sich auf den Koran berufen, in dem ideologische Ansätze unverkennbar sind. Mohammed hatte keine lebendige Gotteserfahrung, sondern reflektierte die ihm zugänglichen Informationen über Gott. Im Zentrum seiner Gottesvorstellung stand die Überzeugung, dass Allah in sich völlig eins und von allem Kreatürlichen geschieden ist, größer als alles Geschaffene und deshalb völlig frei in seinem Tun.

Mohammed gab seine Überzeugungen als Inspirationen Allahs aus. Damit immunisierte er sich gegen jede Infragestellung – eine für Ideologen typische Verhaltensweise. Der späte Koran zeigt die Tendenz, das gesamte Leben der Muslime – Ehe und Familie, Kultus, öffentliche Ordnung, Staat und Krieg – den Geboten Allahs unterzuordnen. Ein totalitärer Ansatz ist schon bei Mohammed unübersehbar. Die muslimische Gemeinde sollte eine egalitäre, anderen Gesellschaftsformen überlegene Gemeinschaft unter Allah und Mohammed sein. Die Verachtung aller Andersdenkenden und das Streben nach Expansion und Weltbeherrschung sind hier im Kern angelegt und – nicht hinterfragbar – festgeschrieben.

Es ist also nicht so, dass sich der Islam durch die Begegnung mit der Moderne islamistisch verfremdet hätte.

Vielmehr gründet der Islamismus auf dem im Koran sichtbaren ideologischen Glaubens- und Gesellschaftsmodell, hat ihm in Auseinandersetzung mit dem westlichen Denken allerdings eine neue Form gegeben. Das eigentliche Problem ist nicht diese neue Gestalt, sondern der Koran mit seiner Legitimierung von muslimischer Überlegenheit und Gewalt.

Die jüngste Geschichte des Westens zeigt, dass sich säkulare Ideologien nicht auf Dauer halten lassen. Sie scheitern an der Realität des Lebens bzw. – biblisch gesprochen – an der Sünde des Menschen. Ihre Ideale zerbrechen an der Wirklichkeit des gegen Gott rebellierenden Menschen. Langfristig gilt das auch für den islamischen Fundamentalismus. Es ist aber zu bedenken,

Es ist also nicht so, dass sich der Islam durch die Begegnung mit der Moderne islamistisch verfremdet hätte. Vielmehr gründet der Islamismus auf dem im Koran sichtbaren ideologischen Glaubens- und Gesellschaftsmodell.

dass der Islamismus eine religiöse Ideologie ist, die vom Koran inspiriert wird und tief in den Herzen der Menschen verankert ist. Deshalb vermute ich, dass der Islamismus sich nicht rasch abschwächen wird. Vermutlich werden wir das ganze 21. Jahrhundert mit ihm leben müssen.

Das ist jedoch nur die eine Seite. Ich hoffe, dass zunehmend einzelne Islamisten erkennen werden, dass das Grundproblem nicht eine korrupte Gesellschaft ist, die durch Islamisierung geheilt werden kann, sondern das sündhafte menschliche Herz. Deshalb sollte Christen nicht nur der islamische Fundamentalismus als eine gefährliche Ideologie interessieren, sondern der in dieser Ideologie gefangene Mensch. Warum werden junge Muslime, die zunächst ein freies und oft auch unmoralisches Leben geführt haben, durch ein islamisches Bekehrungserlebnis zu radikalen Islamisten? Warum entwickeln sie Hass auf eine Gesellschaft, die sie vermeintlich zur Sünde verführt hat? Warum verdrängen sie, dass ja *sie* es sind, die bewusst in die Sünde eingewilligt haben?

Werden Islamisten überzeugten Christen begegnen? Christen sollten nicht bei einer angstvollen Abgrenzung gegen den Islamismus stehenbleiben, sondern die Not in den Herzen sehen und die persönliche Begegnung suchen. Auch Islamisten können sich zu Jesus bekehren.

8. Kronzeugen des modernen Islamismus

Der gegenwärtige Islamismus ist nicht aus dem Nichts heraus entstanden. Er ist vielmehr tief in der muslimischen Geschichte verwurzelt. In diesem Kapitel skizziere ich das Leben von drei Gelehrten aus ganz unterschiedlichen Jahrhunderten. Sie übten – und üben weiterhin – großen Einfluss auf die Muslime aus. Sie verstanden die Hauptquellen für Lehre und Recht, also Koran und Tradition (Aussagen und Handlungen Mohammeds sowie seiner frühen Anhänger) so „wörtlich" wie möglich und forderten den Gehorsam gegenüber der Lehrautorität. Da die muslimischen Massen meistens fundamentalistisch dachten, wurden und werden diese Gelehrten im Volk sehr geachtet.

Unerschütterlicher Kämpfer im 9. Jahrhundert

Ahmad Ibn Hanbal (780–855 n. Chr.) ist die große Leitfigur des islamischen Fundamentalismus. Er stammte aus Bagdad und wirkte hauptsächlich dort. Er studierte Rechtswissenschaft und Traditionswissenschaft (Hadith) und kämpfte unter dem Kalifen Al-Mamun für den konservativen sunnitischen Islam und gegen die damals vorherrschende rationalistische Denkrichtung. Dafür hatte er im Gefängnis zu leiden. Er war Asket, wurde als „Heiliger" verehrt und war ein unerschütterlicher Kämpfer für einen eng verstandenen Islam. Als Jurist formulierte er das islamische Recht in sehr engen Grenzen. Nach ihm ist die strengste der vier sunnitischen Rechtsschulen benannt.

Ibn Hanbal war auch ein berühmter Traditionssammler. Er lehnte jede Kritik an den Traditionen ab, obwohl diese teilweise recht anstößige Aussagen enthielten. Ebenso wehrte er sich gegen jede Kritik an den frühen Anhängern Mohammeds, den „Altvorderen". Zu ihnen rechnete man im 9. Jahrhundert alle, die zu Lebzeiten Mohammeds geboren worden waren. Sie waren zu unantastbaren, idealen Muslimen erklärt worden. Ibn Hanbal lehrte, dass man nur die guten Eigenschaften der Altvorderen erwähnen dürfe, nicht ihre schlechten. Wer es trotzdem tue, müsse von der Regierung bestraft werden. Da die Altvorderen Araber waren, lehrte Ibn Hanbal, dass sie einen Vorzug vor anderen Völkern hätten. Er lehnte die Meinung ab, dass alle Völker in der Umma gleich seien.

Bei den Verhören durch die Vertreter der „aufgeklärten" Denkrichtung lehnte Ibn Hanbal es ab, sich mit dem Rationalismus überhaupt auseinanderzusetzen. Für die Fragen und Probleme, die hinter dem kritischen theologischen Denken standen, hatte er keinerlei Verständnis. Die nachdenkende Theologie war für ihn eine menschliche Anmaßung. Er lehnte ihre Methoden (Analogieschluss, eigene Einsicht) als gefährliche „Neuerung" (Anpassung an den Zeitgeist) ab. Dabei war Ibn Hanbal durchaus ein scharfer Denker, aber er erlaubte den Gebrauch der Vernunft nur innerhalb der von Koran und Hadith abgesteckten Grenzen und beharrte auf den „objektiv" vorgegebenen Fakten. Er war völlig unkritisch gegenüber dem

Umstand, dass alles, was er für Fakten hielt, das Ergebnis menschlicher Traditionsbildung war.

Ibn Hanbal forderte, alle „vermenschlichenden" Ausdrücke des Korans stehen zu lassen und nicht zu interpretieren. Beispielsweise sei der Thron Allahs nicht mit einem menschlichen Thron zu vergleichen, aber auch nicht erklärbar (etwa als Bild für die Herrschaft Allahs). Alles müsse ohne Frage nach dem Wie für wahr gehalten werden. Deshalb lehnte Ibn Hanbal es ab, aus dem Handeln Allahs Schlüsse auf das Handeln des Menschen zu ziehen. Denn damit würden Allah und die Menschen in eine Beziehung zueinander gebracht werden. Konsequenterweise lehnte Ibn Hanbal eine Diskussion über die Eigenschaften Allahs ab.

Für ihn war es selbstverständlich, dass sowohl der schriftliche Korantext als auch dessen mündlicher Vortrag unmittelbares, nicht erschaffenes Wort Allahs sind.

Glaube bestand für Ibn Hanbal sowohl in der Herzensabsicht und im Bekenntnis durch Worte als auch am Nachahmen des Vorbildes Mohammeds und im Befolgen der Scharia. Gleichzeitig lehrte er, dass alles Geschehen von Allah bewirkt wird, das Gute und das Böse, die Gerechtigkeit und die Sünde. Ob jemand in die Hölle oder ins Paradies kommt, entscheidet allein Allah. Es steht Menschen nicht zu, das vorauszusagen. Deshalb akzeptierte Ibn Hanbal auch sündhafte muslimische Führer und forderte auf, ihnen zu gehorchen.

Ibn Hanbal vertrat also eine strenge Vorherbestimmungslehre. Dennoch behielt für ihn das Gericht am Jüngsten Tag seine Schrecken. Diese werden für die Gläubigen allerdings gemildert durch die Hoffnung auf die Fürsprache Mohammeds. Sündige Muslime, die zunächst in die Hölle kommen, könnten aufgrund seiner Fürsprache noch ins Paradies gelangen.

In der Ablehnung des kritischen Nachdenkens sah Ibn Hanbal die einzige Möglichkeit, die Einheit der muslimischen Umma zu bewahren. Er war ein Gegner aller theologischen Parteibildung. Er lehnte es ab, sich ausführlich mit seinen aufgeklärten Gegnern auseinanderzusetzen. Er fürchtete, dass dadurch die Anschauungen der rationalistischen Theologen bekannt und Muslime auf Irrwege geführt werden könnten.

In der Ablehnung des kritischen Nachdenkens sah Ibn Hanbal die einzige Möglichkeit, die Einheit der muslimischen Umma zu bewahren.

Der Hanbalismus hatte in der muslimischen Welt immer seine Anhänger. Zeitweise kämpften sie gegen alle Gelehrten, welche die Vernunft gebrauchten. Der Konflikt zwischen dem strengen Hanbalismus und dem breiten Strom der orthodoxen – meist staatlich geförderten – sunnitischen Gelehrsamkeit zog sich durch die ganze islamische Geschichte hindurch.

Ibn Hanbal beeinflusste alle späteren fundamentalistischen Bewegungen im Islam. Vor allem *Ibn Taimijja* und *Abd al-Wahhab* sind hier zu nennen. Diese wiederum sind die wesentlichen Gewährsleute des zeitgenössischen Fundamentalismus. Das hat einen einfachen Grund: Schon die Hanbaliten beanspruchten für sich, hinter den Ballast gelehrter Meinungsbildung, der sich im Laufe der Zeit angehäuft hatte, zu den Quellen Koran und Sunna zurückzukehren. Deshalb stießen sie bei allem Beharren auf den Fundamenten des Islams Bewegungen an, die zu den Ursprüngen zurückkehren wollten.

Rückkehr zum vermeintlich reinen Islam des Anfangs

Ahmad Ibn Taimijja (1263–1328) stammte aus Damaskus und starb auch hier. Zeitweise lebte er in Ägypten, das damals wie Syrien zum Reich der Mamlucken gehörte. Wie Ibn Hanbal war er Jurist und Theologie sowie ein Verfechter der absoluten Geltung der Scharia. Bereits mit einundzwanzig Jahren berief man ihn zum Nachfolger seines Vaters als Professor an einer Lehrstätte in Damaskus. Er beschäftigte sich viel mit der Unterwerfung der politischen Ordnung unter die Scharia und beeinflusste damit im 20. Jahrhundert die Muslimbruderschaft und verwandte Gruppen (vgl. Kap. 10).

Auch als Theologie vertrat er die rigorosen hanbalitischen Überzeugungen. Er fasste sie in einem großen Glaubensbekenntnis zusammen. Sein Anliegen war die Rückkehr zur vermeintlich reinen Gemeinde der Frühzeit. Seine Anschauungen führten ihn in Konflikt mit dem sunnitischen Establishment. Man klagte ihn an, von Allah zu „menschlich" zu denken. Ibn Taimijja ließ sich nicht einschüchtern und hatte sowohl in Syrien als auch in Ägypten Gefängnisstrafen abzubüßen. Er starb in der Zitadelle zu Damaskus.

Ibn Taimijja kritisierte die Kaste der sunnitischen Gelehrten, die um ihres beruflichen Fortkommens willen den politischen Führern willfährig waren. Er kritisierte alle Lehrrichtungen und Gruppierungen seiner Zeit: die rationalistische Theologie, die muslimische Philosophie, den Pantheismus der Sufis und schließlich den Heiligen- und Gräberkult der einfachen Muslime. Natürlich kritisierte er auch die Schiiten und die von ihnen gepflegten Endzeiterwartungen.

Im Zentrum seiner Theologie stand die nicht zu überbrückende Diskrepanz zwischen Allah und seinen Geschöpfen. Die von Aristoteles stammende Lehre von der Einheit des Seins lehnte er entschieden ab. Deshalb lehrte er, *Der Verstand habe die Wahrheit von Koran und Sunna zu erweisen, dürfe aber nie über diese hinausführen.* dass der Mensch nur durch Offenbarung Wissen über Allah erlangen könne, weder durch seinen Verstand noch durch philosophische Spekulation. Die von den Sufis angestrebte Vereinigung mit Allah war für ihn Blasphemie.

Ibn Taimijja lehnte den Gebrauch des Verstandes nicht grundsätzlich ab. Aber er verlangte, den menschlichen Verstand nur in den von Koran und Sunna abgesteckten Grenzen zu gebrauchen. Er habe die Wahrheit von Koran und Sunna zu erweisen, dürfe aber nie über diese hinausführen. Deshalb sei die Arbeit der Gelehrten letztlich unerheblich. Ibn Taimijja erläuterte dies in seinem Werk „Übereinstimmung des richtig Überlieferten mit dem, was der ungetrübte Verstand ermittelt". Damit beeinflusste er die Reformer des 19. Jahrhunderts und ihr Anliegen, hinter den Ballast der gelehrten Bemühung von 13 Jahrhunderten zu den Quellen Koran und Sunna zurückzukehren.

Ibn Taimijja war ein frommer Muslim. Ihn prägten Gottesfurcht, Liebe zu Allah, dessen Anbetung im Gottesdienst, Demut und absoluter Gehorsam. Sein Anliegen war, die Schlichtheit des Glaubens wiederzugewinnen. Deshalb predigte er die Umkehr von einem verstandesmäßigen zu einem Herzensglauben, der unmittelbar durch Allah geschenkt wird und dem Menschen Gewissheit schenkt. Das denkerische Rüstzeug der Gelehrten war für ihn ein Zeichen schwachen Glaubens.

Ibn Taimijja hatte viele Schüler und prägte die weitere Geschichte islamischen Denkens maßgeblich. Seine Schriften werden bis heute gelesen. Er ist einer der wesentlichen Väter des zeitgenössischen Islamismus. Für Nichtmuslime ist es wichtig zu wissen, dass nicht wenige fundamentalistisch denkende Muslime eine konsequente Einhaltung der gesetzlichen Bestimmungen mit einer schlichten Herzensfrömmigkeit verbinden wollen.

Begründung des Wahhabismus

In der Tradition Ibn Taimijjas stand *Mohammed ibn-Abd-al-Wahhab* (1703–92). Er stammte aus einer Gelehrtenfamilie im zentralarabischen Nadjd und studierte Theologie und Rechtswissenschaft in Mekka, Medina, Basra, Bagdad, Hamadan, Isfahan, Damaskus und Kairo. Er bekämpfte rigoros den mit heidnischen Praktiken durchsetzten Volksglauben auf der Arabischen Halbinsel und setzte sich für eine Rückkehr zum ursprünglichen Islam ein, wie er ihn verstand. Dabei dachte er vor allem juristisch und politisch. In seiner Theologie suchte er eine

Position in der Mitte der Rechtgläubigkeit. Im Sinne des Hanbalismus beanspruchte er für sich einen unmittelbaren Zugang zum richtigen Verständnis von Koran und Sunna ohne den Umweg über die lange Auslegungstradition. Er war der Überzeugung, dass der Inhalt von Koran und Sunna mit dem übereinstimmt, was der Mensch bei natürlichem und unverdorbenem Gebrauch seines Verstandes über sich, die Menschheit und ihre Bestimmung erkennen kann. Deshalb hatte er keine Scheu, die Arbeit der muslimischen Gelehrten der vorangehenden Jahrhunderte kritisch an Koran und Sunna zu prüfen.

Nach manchem Widerstand gelang es ihm, Gehör bei der zentralarabischen Herrscherfamilie der Sa'ud zu finden. 1744 traf er mit dem damaligen Herrscher die Vereinbarung, ein Reich nach den strengen Gesetzen von Koran und Sunna aufzubauen. Die Sa'uds erlebten durch die Verbindung mit Abd-al-Wahhab politisch und religiös einen großen Aufschwung, schafften den Gräber- und Heiligenkult ab und konnten sogar Mekka und Medina erobern. Die beiden Städte gehörten damals zum Osmanischen Reich und waren für den lockeren Lebenswandel ihrer Einwohner und der Pilger bekannt. Das wurde durch die Sa'uds geändert.

Nach manchem Widerstand gelang es ihm, Gehör bei der zentralarabischen Herrscherfamilie der Sa'ud zu finden.

Die Reaktion ließ allerdings nicht lange auf sich warten. Im 19. Jahrhundert eroberte Mohammed Ali mit einem ägyptischen Heer im Auftrag des türkischen Sultans die heiligen Stätten zurück. Das Haus Sa'ud musste seine Herrschaft aufgeben, aber der *Wahhabismus* behielt seinen Einfluss als rigorose Auslegung des Islams das ganze 19. Jahrhundert hindurch.

Zu Beginn des 20. Jahrhunderts erneuerte Abd al-Azîz aus dem Hause Sa'ud den politischen Wahhabismus. 1901 nahm er Riad ein, und damit begann ein ungeahnter Aufstieg seines Hauses. Durch Abd al-Azîz Ibn Sa'ud kam der Wahhabismus zu neuer Blüte und wurde zur Staatsdoktrin des modernen Saudi-Arabien. Im letzten Drittel des 20. Jahrhunderts verbreiteten die Saudis die wahhabitischen Überzeugungen in aller Welt und damit auch die Anschauungen Ibn Hanbals und Ibn Taimijjas.

Trotz dieser unterschiedlichen islamistischen Auffassungen hat der Wahhabismus mit seinem Rigorismus viel zur gegenwärtigen Radikalisierung im Weltislam beigetragen.

Der Wahhabismus wirkte weltweit vor allem durch seine strenge und rigorose Auslegung von Koran und Tradition. Viele Islamisten werfen ihm allerdings vor, Koran und Sunna nicht konsequent genug anzuwenden. Denn in Saudi-Arabien wird eine „Arbeitsteilung" zwischen dem wahhabitischen Gelehrtenstand und dem Königshaus praktiziert. Das widerspricht aber der Einheit von religiöser und politischer Führung, wie sie Mohammed im 7. Jahrhundert in seiner Person verwirklichte.

Deshalb fordert die arabische *Muslimbruderschaft* die Beseitigung der Monarchien. Im Iran gelang es der von *Khomeini* angestoßenen Revolution, den Schah zu stürzen und ein System zu etablieren, an dessen Spitze ein Religionsgelehrter steht. Trotz dieser unterschiedlichen islamistischen Auffassungen hat der Wahhabismus mit seinem Rigorismus viel zur gegenwärtigen Radikalisierung im Weltislam beigetragen.

9. Sind Muslime eine Bedrohung für das „Abendland"?

Diese Frage ist emotional stark belastet. Ein Blick in die Geschichte ist nötig, um eine sachliche Antwort zu finden. Das Abendland ist derjenige Teil Europas, der seit dem Reich Karls d. Großen (768–814 n. Chr.) durch die Römisch-katholische Kirche geprägt worden ist. Davon ist das südöstliche und östliche Europa zu unterscheiden, in dem das byzantinisch-orthodoxe Christentum vorherrschte. Die katholische und die orthodoxe Christianisierung Europas war ein langer Prozess, der erst im 11. und 12. Jahrhundert zu einem gewissen Abschluss gekommen war. Dementsprechend zog sich auch die Entwicklung des „Abendlandes" über Jahrhunderte hin.

Als die arabisch-muslimischen Heere das südwestliche Europa eroberten (ab 711 n. Chr.), gab es das Abendland noch nicht. Die Germanen hatten teilweise zunächst die arianische Richtung des Christentums angenommen, die auf den großen Konzilien verworfen worden war. Viele waren noch Heiden.

Die Franken waren römisch-katholisch geworden und wehrten gemeinsam mit dem römischen Papsttum die arabisch-muslimische Bedrohung ab. Die berühmte Schlacht bei Tours und Portiers (732 n. Chr.) war eine wichtige Wendemarke. Die Arianer nahmen nach und nach die katholische Lehre an. Die Germanenmission dehnte sich langsam nach Osten und Norden aus. So entstand unter fränkischer Führung allmählich das „Abendland" als ein relativ einheitlicher religiöser und kultureller Raum.

1054 n. Chr. kam es zur tragischen Trennung der Römisch-katholischen von der Byzantinisch-orthodoxen Kirche und damit zur großen konfessionellen Spaltung Europas. In dieser Zeit fühlte sich das katholische Abendland stark genug, die muslimischen Mächte zurückzudrängen. Die Kreuzzüge zur Rückeroberung Spaniens (abgeschlossen 1492), zur Besetzung des Heiligen Landes (1098 bis 1292) und zur Verfolgung von Juden und abtrünnigen Katholiken begannen.

Die Kreuzzüge haben nicht nur das Verhältnis des Abendlandes zu Judentum und Islam belastet, sondern auch den orthodoxen Kirchen in Südosteuropa und im Nahen Osten Schaden zugefügt. Die Abendländer griffen in die innere Ordnung der orthodoxen Kirchen ein und schwächten sie dadurch ganz erheblich. Das byzantinische Kaiserreich, 800 Jahre lang ein Bollwerk gegen das Vordringen der Muslime, erholte sich nicht mehr von der Schwächung durch das Abendland.

Die Muslime rächten sich vor allem an der orthodoxen Christenheit. Seit dem 13. Jahrhundert erstarkten die muslimisch gewordenen Türken. Schritt für Schritt dezimierten sie nun das Reich von Byzanz in Anatolien und auf dem Balkan und vernichteten 1453 seinen Rest. Südosteuropa – orthodoxe und katholische Gebiete – kam unter osmanische Herrschaft, während die orthodoxen Russen für zweihundert Jahre unter das Tartarenjoch gerieten. Die katholischen und orthodoxen Völker wehrten sich zäh gegen die Fremdherrschaft. Die erfolgreiche

Verteidigung Wiens 1529 und 1683 wurde zum Symbol dieses Widerstandes. Den Russen gelang es schon ab dem 15. Jahrhundert, die Tartaren und andere muslimische Völker zu unterwerfen. In Südosteuropa drängte das Habsburgerreich die Türken auf dem Balkan zurück.

Als der europäische Kampf gegen die muslimische Invasion noch in vollem Gange war, befand sich das Abendland bereits in einer geistigen Krise. Das Scheitern der Kreuzzüge hatte zu einer kritischen Haltung gegenüber der katholischen Kirche geführt. Reformatorische Bewegungen riefen zurück zu einem biblischen Christentum. In der Renaissance-Zeit entdeckten die Abendländer wieder ihr griechisches Erbe. Der Mensch rückte nun in den Mittelpunkt des Denkens. In der Zeit der Aufklärung emanzipierte sich das europäische Denken vollends vom kirchlichen Dogma. Der Rationalismus mündete in eine ganze Palette von Ideologien, die in der Folgezeit das Abendland zerrissen – Humanismus, Nationalismus, Kapitalismus, Sozialismus, Anarchismus, Existenzialismus usw. In den Tragödien der beiden Weltkriege entluden sich diese Spannungen.

Es ist leider festzuhalten, dass es die Europäer selbst waren, die das christliche Abendland zugrunde richteten.

Nach dem Zweiten Weltkrieg setzte sich im westlichen Europa eine Kultur durch, in der Toleranz, Pluralismus, Materialismus und die individuellen Menschenrechte bestimmend wurden. Die liberale, parlamentarische Demokratie bildete den Ordnungsrahmen für diese neue Gesellschaft. Nach dem Zusammenbruch des Ostblocks setzte sich auch hier allmählich diese neue Konsenskultur durch. Sie ist längst nicht mehr katholisch oder orthodox, geschweige denn christlich. Es ist leider festzuhalten, dass es die Europäer selbst waren, die das christliche Abendland zugrunde richteten. Das Christentum ist heute in Europa nur noch ein kultureller Faktor unter vielen. Natürlich gibt es Restbestände und Nischen einer christlichen Kultur, aber Europa kann nicht mehr als christlich bezeichnet werden, weder im Westen noch im Osten. Das emanzipierte Denken hat – so merkwürdig es klingt – die lange konfessionelle Spaltung Europas überwunden und die Europäer unter einer unchristlichen Konsenskultur geeint. Deshalb kann heute nicht mehr vom Abendland, sondern nur noch von Europa gesprochen werden. Das gilt es zu bedenken, wenn die islamische Zuwanderung als Gefahr betrachtet wird. Diese Erkenntnis entspricht der Realität, auch wenn sie für Christen schmerzlich ist.

Einwanderung von Muslimen nach Europa

Zunächst einmal muss gesehen werden, dass die Zuwanderung von den Westeuropäern verursacht worden ist. Vier Gründe sind dafür zu nennen.

Erstens wurden Muslime aus wirtschaftlich-materialistischen Gründen als Gastarbeiter nach Europa eingeladen. Zweitens kamen viele Muslime infolge der Kolonialzeit aus ehemals britischen, französischen und niederländischen Kolonien nach Europa. Drittens führte die Betonung der individuellen Menschenrechte zu einem Zustrom muslimischer Flüchtlinge. Viertens führte die Kinderfeindlichkeit der materialistischen Gesellschaft zu einer dramatischen Überalterung; sie erfordert die Zuwanderung jüngerer Arbeitskräfte, unter denen auch viele Muslime sind.

Die muslimischen Gemeinschaften im Gebiet des alten Abendlandes können auf etwa 20 Millionen Menschen geschätzt werden. In vielen Industrieregionen gibt es starke muslimische Minderheiten. Ihre Präsenz wird sich durch Kinderreichtum und Zuwanderung weiter verstärken. Positiv ist, dass die jüngsten europäisch-muslimischen Begegnungen nicht von kriegerischen Auseinandersetzungen bestimmt werden. Erstmals ist ein friedlicher und freundschaftlicher Umgang zwischen Alteuropäern und zugewanderten muslimischen Orientalen auf breiter Basis möglich.

Die meisten Muslime halten Europa allerdings noch für christlich. Sie verstehen die Entwicklung Europas seit dem 16. Jahrhundert nicht. Für sie ist die moralisch degenerierte europäische Gesellschaft ein Produkt des Christentums; sie glauben, sich gegen die negativen Einflüsse schützen zu müssen. Viele Muslime betrachten Europa dazu noch als imperialistisch. War es bis ins 20. Jahrhundert hinein der politische Imperialismus, so ist es heute der kulturelle und wirtschaftliche Imperialismus, der Muslimen Angst macht.

Umgekehrt gibt es die Sorge vieler Europäer vor einer muslimisch-orientalischen Überfremdung. Wenn obige Analyse richtig ist, kann es sich nicht um eine Bedrohung des christlichen „Abendlandes", sondern nur um eine Gefährdung der neuen europäischen Konsenskultur handeln. Diese Bedrohung gilt es in der Tat sehr ernst zu nehmen. Denn der klassische Islam trägt in sich einen starken Zug zu religiöser und politischer Dominanz und damit verbundener Intoleranz. Er strebt – wie wir gesehen haben – eine Gesellschaft unter der Herrschaft des Islams an. Dieser Anspruch ist im modernen Islamismus neu formuliert worden und bestimmt in irgendeiner Ausprägung weite Kreise der Muslime, auch in Europa. Dieser Islam verträgt sich nicht mit der pluralistischen Gesellschaft, in der das individuelle Recht des Einzelnen im Vordergrund steht. In der modernen europäischen Konsenskultur ist religiöse Überzeugung Privatsache. Kein Mensch darf wegen seiner religiösen Überzeugung diskriminiert werden. Das aber ist im strengen Islam anders, was am Verbot des Austritts und an der Verfolgung von Konvertiten deutlich wird.

In Europa ist es heute allgemeine Überzeugung, dass keine Religion die Gesellschaft dominieren darf. Aber genau das ist ein zentrales Anliegen des modernen Islamismus. Hier sind also Konflikte programmiert. An diesem Punkt müssen sich die Europäer gegen eine islamische Überfremdung wehren. Europa muss dem Islam abverlangen, auf seine politischen und gesellschaftlichen Machtansprüche zu verzichten und sich auf seine religiös-ethische Komponente zu beschränken. Die Frage, ob der Islam auf seine – im Koran begründete – politische Komponente verzichten kann und der „Euro-Islam" eine Zukunft hat, ist völlig offen.

Europa muss dem Islam abverlangen, auf seine politischen und gesellschaftlichen Machtansprüche zu verzichten und sich auf seine religiös-ethische Komponente zu beschränken.

Es ist ein Irrtum zu meinen, dass nur der militante Islamismus die europäische Kultur bedroht. Auch friedliche Islamisten haben als Fernziel eine islamische Gesellschaft. Sie werden zwar nicht müde zu betonen, dass sie die liberalen Verfassungen Europas akzeptieren. Die offene Frage ist, ob sie auch den toleranten Geist, der hinter diesen Verfassungen steht, bejahen können und ob sie die Verfassungen auch dann akzeptieren würden, wenn Muslime die Mehrheit einer Gesellschaft bilden. Der Kampf um die Einführung der Scharia in vielen Ländern und Regionen mit muslimischen Mehrheiten – zum Beispiel in Indonesien, Nordnigeria und im Sudan – lässt daran zweifeln. Viele Europäer lassen sich durch die geschickte Dialektik der europäischen Islamisten täuschen. Es wird Zeit, dass die Europäer sich kritischer mit dem Islamismus auseinandersetzen.

10. Von den ersten Radikalen zum „Islamischen Staat"

Nach der allgemeinen sunnitischen Auffassung kann nur ein rechtmäßig gewählter Kalif die muslimische Weltgemeinschaft zum bewaffneten Kampf gegen die Feinde der Umma aufrufen. Die meisten Kalifen waren freilich nicht durch eine Wahl, sondern durch Erbfolge oder Usurpation in ihr Amt gekommen. Letzter Kalif war der türkische Sultan, aber nach dem Ersten Weltkrieg schaffte die moderne Türkei das Kalifat durch Parlamentsbeschluss einfach ab!

Dieses Desaster hatte bereits wenige Jahrzehnte nach dem Tod Mohammeds seinen Anfang genommen. Der Gouverneur von Damaskus, Muawija, machte dem gewählten Kalifen, Ali, das Amt streitig. In der Schlacht von Siffin (657 n. Chr.) standen sich die Heere der Kontrahenten gegenüber – für fromme Muslime eine Katastrophe. In diesem Dilemma soll sich Ali bereit erklärt haben, das Urteil eines Schiedsgerichts anzuerkennen und je nach Ausgang der Schlichtung seinen Herausforderer anzuerkennen. Mit diesem Unrecht wollte sich aber ein Teil seiner Anhänger nicht abfinden und wandte sich enttäuscht von ihm ab – daher der Name Charidjiten, das heißt die „Herausgehenden" – und kämpfte im Untergrund weiter. Die Verweigerer beriefen sich auf Mohammed und den Koran. Sie lehnten jeden Kompromiss ab und wollten dem „wahren Islam" folgen. Der angemaßte Kalif musste nach ihrer Überzeugung beseitigt werden.

Sie waren eine radikale innerislamische Bewegung, die sich aber im Laufe der Jahrhunderte mäßigte. Es gelang ihr, in einzelnen Gebieten der arabischen Welt Herrschaften zu gründen. Ihr Ziel, die gesamte Umma in ihrem Sinne zu formen, erreichten sie nicht.

Terror im Mittelalter

Es hat im Laufe der muslimischen Geschichte immer wieder solche radikalen Bewegungen gegeben, die einerseits den „wahren Islam" verwirklichen wollten, andererseits ein Eigenrecht für den Kampf gegen das politische Establishment und alle kompromissbereiten Muslime für sich in Anspruch nahmen. Im Mittelalter war die Terrortruppe der *Assassinen* berüchtigt. Zu ihr sollen zeitweise über 50000 Kämpfer gehört haben. Sie kamen aus der ismaelitischen Bewegung, die wiederum zum Schiismus gehört. Ihr Gründer, der Perser Hassan Ibn Sabbah (gestorben 1124), eroberte 1090 die nordpersische Bergfestung Alamut. Von hier aus nahmen er und seine Nachfolger weitere Städte und Gebiete ein und bedrohten mit ihren Kämpfern sowohl die muslimischen Fürstentümer als auch die Kreuzfahrerstaaten. Mit spektakulären politischen Morden machten sie mehr als hundert Jahre lang den Orient unsicher. Sie sollen unter Drogeneinfluss gekämpft haben – das Wort „Haschischraucher" wurde in den europäischen Sprachen zu „Assassinen" verballhornt. Eines ihrer Merkmale war neben der Nichtanerkennung der Kalifen ihr blinder Gehorsam gegenüber ihren Führern. Ihre Ziele, die ismailitische Lehre durchzusetzen und die Kreuzritter zu vertreiben, erreichten sie nicht.

Radikaler Orden

Im 19. Jahrhundert sorgte zunächst der *Senussi-Orden* für Aufsehen und Ängste in der westlichen Welt. *Mohammed Ali Al-Senussi* (ca. 1787–1859) war ein eifriger Verkünder eines rigorosen Islams, verlangte die Rückkehr zur strengen Einfachheit des ursprünglichen Islams und war darin von Abd al-Wahhab (vgl. Kap. 8) beeinflusst. Er kämpfte gegen jeden Luxus und die damit verbundenen Laster. Alles Christliche und Europäische war ihm verhasst. Er geriet in Konflikt mit den auf Ausgleich bedachten Sunniten und musste öfters seinen Aufenthaltsort wechseln. Sein Weg führte ihn über Marokko, Kairo, Mekka, Jemen und Tripolis schließlich in das Innere Libyens. 1835 hatte er in der Nähe von Mekka eine später „*Mohammedijja*" genannte Bruderschaft gegründet. Die Osmanen zwangen ihn zur Auswanderung. In Libyen wirkte er an verschiedenen Orten, bis er in der Oase Jaghbub sein Zentrum aufbaute. Es war gleichzeitig Wüstenfestung, Handelsplatz, Zeughaus, Kloster und Hauptquartier einer überregional operierenden Gemeinschaft. Diese war straff organisiert und gründete an vielen Orten Niederlassungen, die ein weit ausgreifendes Propagandanetz bildeten.

Der Orden betonte einerseits die Gleichheit aller Ordensmitglieder, andererseits den unbedingten Gehorsam gegenüber dem Ordensoberhaupt und seinen örtlichen

Führern. An den „Senussi" heftete sich die Erwartung, dass er der erwartete Mahdi („der Rechtgeleitete") sein könne, um den „heiligen Krieg" gegen die Ungläubigen auszurufen. In Europa rechnete man damit, dass der Orden Millionen von Kämpfern in Marsch setzen könne.

Als die italienische Armee 1911 den Osmanen die Vorherrschaft über Libyen entriss, musste sie den Einfluss des Senussi-Ordens und seine De-facto-Souveränität über das östliche Libyen anerkennen. Erst 1923 konnte Italien den politischen Einfluss des Ordens ausschalten. Damals war Mohammed Idris al-Mahdi al-Sanussi, ein Enkel des Gründers, Oberhaupt des Ordens. Die Briten machten ihn 1951 als Idris I. zum König über das nunmehr unabhängige Libyen. 1969 stürzten ihn junge Offiziere unter Führung von Muammar al-Gaddafi. Damit war auch das Schicksal des Senussi-Ordens besiegelt. Seine Ziele, die Erneuerung der Umma in seinem Sinne und die Vertreibung der Ausländer, hatte er nur bedingt erreicht.

Die Mahdi-Bewegung

Ganz anders verlief die Geschichte der *Mahdi-Bewegung* im nördlichen Sudan. Sie war durch einen kometenhaften Aufstieg, eine breite Blutspur und ein rasches Ende gekennzeichnet. Der charismatische Führer *Mohammed Ahmad Ibn Abdallah* (1843–85) hatte sich einem Derwischorden angeschlossen und auf einer Insel im Weißen Nil niedergelassen. Von hier aus rief er zum Widerstand gegen die ägyptisch-britisch-türkische Herrschaft auf und ließ sich 1881 zum endzeitlichen Mahdi ausrufen.

Da das Jahr 1882 sich teilweise mit dem Jahr 1300 der islamischen Zeitrechnung deckte, war in jener Zeit die Erwartung eines Reformers oder Mahdis in der ganzen islamischen Welt lebendig. Der sudanesische Mahdi rief zum „heiligen Krieg" gegen die Ausländer auf und führte einen breiten Volksaufstand an. Die Mahdisten schlugen die ägyptisch-britisch-türkische Armee, eroberten im Januar 1885 Khartum und ermordeten den britischen General Gordon.

Mohammed Ahmad duldete keinen Widerspruch und gab vor, seine Befehle aufgrund höherer Eingebungen zu erteilen. Nach seinem Triumph soll sich der Mahdi allerdings dem Wohlleben und der Trunksucht hingegeben haben, sodass er noch 1885 starb. Sein Ende zeigt, dass nicht jeder angemaßte religiöse Führer seine Erfolge verkraftet. Immerhin war die Mahdi-Bewegung damit noch nicht tot. Sein Nachfolger, der „Kalif" Abdallah Faishi, organisierte die Mahdi-Bruderschaft, die ihre Hauptstütze unter den Baggara-Stämmen im westlichen Sudan (Kordofan) fand. Er baute einen Staat auf, der den ganzen heutigen Nordsudan umfasste und seine Hauptstadt in Omdurman hatte.

Die britische Armee eroberte 1898 mit ägyptischer Unterstützung Omdurman und beendete die Mahdi-Herrschaft. Der Sudan wurde ein britisch-ägyptisches Kondominium. Obwohl der Mahdi-Aufstand gescheitert war, hatte er doch die enormen Kräfte gezeigt, die Muslime entwickeln können, wenn sie sich durch ausländische Dominanz gedemütigt fühlen. Der Preis war allerdings hoch. Die Herrschaft der Mahdisten und die folgenden kriegerischen Auseinandersetzungen hinterließen ein ruiniertes Land. Zahlreiche Ortschaften waren zerstört und riesige Flächen kultivierten Landes vernichtet worden. Man schätzte, dass etwa 75 % der ursprünglichen Bevölkerung durch Kämpfe, Hunger und Seuchen umgekommen war. Der Einfluss der Mahdi-Bewegung wirkte aber im westlichen Sudan nach. Ihre Anhänger gründeten 1945 die Umma-Partei, die in den nächsten Jahren die Geschicke des Landes mitbestimmte. Ein Urenkel des Mahdi, Sadiq al-Mahdi, war viele Jahre Vorsitzender der Partei und zweimal kurz Ministerpräsident.

Die Muslimbruderschaft

Für das 20. Jahrhundert ist vor allem die *Muslimbruderschaft* zu nennen. Sie hat ihre Wurzeln in Ägypten, beeinflusste aber zahlreiche Ableger in anderen Ländern. Vor allem ging aus ihr im letzten Drittel des 20. Jahrhunderts eine Fülle noch radikalerer Gruppen hervor. Als der arbeitslose Lehrer *Hassan al-Banna* (1906–49) 1928 in Isma'ilijja am Suezkanal die Bruderschaft gründete, hatte er noch vergleichsweise moderate Ziele. Er wollte den Einfluss der Briten, die immer noch die Suezkanal-Zone besetzt hielten, endgültig beenden. Den starken kulturellen und ideologischen Einfluss des Westens auf die ägyptische Gesellschaft, besonders im Bildungswesen, wollte al-Banna zugunsten des Islams und der Scharia zurückdrängen. Außerdem strebte er mehr soziale Gerechtigkeit für die arme Bevölkerung an. Ideologisch war al-Banna durchaus vom Reformislam beeinflusst, aber er drängte über diesen hinaus zu politischer und sozialer Aktion. Außenpolitisch wandte sich al-Banna gegen die Einwanderung zahlreicher Juden in das britische Mandatsgebiet Palästina.

Die Bruderschaft verstand sich nicht als Partei, lehnte das westliche Parteiensystem ab und war straff organisiert. Sie wählte neue Mitglieder sorgfältig aus und verpflichtete sie zu Gehorsam und Verschwiegenheit. Um die Mitglieder herum gruppierten sich Hunderte von Basiseinheiten. Die Bruderschaft hatte eine eigene Miliz, die sich im Krieg gegen Israel 1948 durch besondere Tapferkeit auszeichnete. Nach ihrer Gründung hatte die neue Bewegung rasch Anhänger in ganz Ägypten gewonnen. Es waren vor allem gesellschaftlich benachteiligte und konservative Muslime, die sich der Bruderschaft anschlossen. Diese entwickelte sich, nicht zuletzt wegen ihres sozialen Engagements, zu einer starken gesellschaftlichen Kraft. Um 1945 schätzte man ihre Anhängerschaft in Ägypten auf etwa eine Million Menschen bei einer Gesamtbevölkerung von etwa 20 Millionen. Die Bruderschaft war zu einer Volksbewegung geworden. Sie breitete sich rasch in der arabischen Welt aus.

Den starken kulturellen und ideologischen Einfluss des Westens auf die ägyptische Gesellschaft, besonders im Bildungswesen wollte al-Banna zugunsten des Islams und der Scharia zurückdrängen.

Die Gründung des Staates Israel 1948 und Maßnahmen der ägyptischen Regierung gegen die Bruderschaft führten zu ihrer Radikalisierung. Nach der Ermordung des damaligen Ministerpräsidenten durch einen Muslimbruder verbot die Regierung die Bruderschaft noch 1948.

Hassan al-Banna hatte die Ermordung des Regierungs-
chefs scharf verurteilt, fiel aber 1949 selbst einem Mord
zum Opfer. Im Untergrund war die Bruderschaft weiterhin aktiv. Sie kooperierte mit den „Freien Offizieren" bei
der Revolution von 1952. Man warf ihr allerdings vor,
1954 hinter einem Attentatsversuch auf Präsident Nasser
zu stehen. Dieser ließ deshalb die Führer der Bruderschaft
verhaften und 1966 ihren Vorsitzenden und bedeutends-
ten Ideologen, Sajjid Abdu Qutb, hinrichten.

Die Stellung der Bruderschaft zu Umsturz und Terror
war lange nicht klar. In der Sadat-Zeit spalteten sich etliche extremistische Gruppen von ihr ab. Darunter waren
die „Islamischen Gemeinschaften", die Präsident Sadat
ermordeten. Unter Präsident Mubarak fand ein Genera-
tionenwechsel in der Leitung der Bruderschaft statt, der
mit zunehmendem Pragmatismus verbunden war. Sie
grenzte sich nun deutlich von den Radikalen ab. Allerdings blieb offen, wie die Bruderschaft das Verhältnis
zwischen Staat und Islam wirklich sieht. Beim Festhalten
an einem Islam, der Religion und Politik integrieren will,
kann es keine Demokratie nach westlichem Vorbild geben.

Gemeinsamkeiten radikal-islamischer Gruppen

Die bisher skizzierten Bewegungen machen das Wesen
radikaler Gruppen deutlich.
1. Ihr Ziel besteht darin, eine reine islamische Gesellschaft, so wie sie diese jeweils verstehen, zu schaffen.
2. Sie wollen dieses Ziel entweder in einem bestehenden

Staat, in einer Region (Arabische Welt, Kaukasus-Region, Schwarzafrika usw.), in der gesamten muslimischen Welt oder gar für die ganze Menschheit erreichen.

3. Sie wachsen aus breiteren Bewegungen heraus, die nach ihrer Meinung nicht radikal genug sind. Sie halten das muslimische Establishment für zu angepasst und verweigern ihm deshalb die Gefolgschaft. Aus diesem Grund ist es eine für europäische Hörer bestimmte Propagandaaussage, dass die radikalen Bewegungen nichts mit dem „wahren Islam" zu tun hätten. Diese wollen ja gerade den wahren Islam verwirklichen!

4. Die Radikalen berufen sich direkt auf die Lehren Mohammeds und des Korans. Sie wollen hinter den Ballast der Tradition mit ihren Kompromissen zurückgehen und nehmen für sich das Recht in Anspruch, die Quellen richtig auszulegen. Daraus folgern sie ein Eigenrecht für alle Entscheidungen, die das Handeln der Muslime betreffen.

5. Die Anhänger radikaler Bewegungen scharen sich um charismatische oder gar demagogische Führer, denen sie unbedingten Gehorsam leisten.

6. Die radikalen Gruppen setzen verschiedene Mittel zu Erreichung ihrer Ziele ein: aufdringliche Agitation, bewaffneter Kampf gegen „falsche Muslime" und gegen Nichtmuslime, Eroberung eines Territoriums als Ausgangsbasis für den weite-

Sie halten das muslimische Establishment für zu angepasst und verweigern ihm deshalb die Gefolgschaft.

ren Kampf und zur Ausbreitung ihres Herrschafts-
raumes, Durchsetzung der radikalen Ziele in diesem
Herrschaftsbereich, terroristische Aktionen aus dem
Untergrund oder von einer Basis aus, in jüngster Zeit
Gewinnung von Anhängern durch soziale Hilfe und
Schaffung sozialer und schulischer Einrichtungen.

7. Die radikalen Bewegungen wählen unterschiedliche
Organisationsformen zur Erreichung ihrer Ziele. Sie
bilden eine Untergrundarmee bzw. eine Art von Parti-
sanengruppen, oder sie schaffen eine straff organisierte
Bruderschaft nach dem Modell der muslimischen
Bruderschaften, oder sie bilden nach der Eroberung
einer Basis in dieser einen „modellhaften" islamischen
Staat. Vorbild für die Basis ist Medina, wo Mohammed ab 622 n. Chr. einen Staat nach den Anweisungen
des Korans aufbaute. Wie sich jener Staat schrittweise
ausdehnte, soll sich auch der moderne islamische Staat
von einem Zentrum aus in die ganze Welt ausbreiten.

8. Es ist zu beobachten, dass radikale Gruppen sich im
Laufe ihres Bestehens entweder mäßigen und pragma-
tisch werden oder den Nährboden für noch radikalere
Gruppen bilden. Dabei sind die Übergänge zwischen
den unterschiedlichen Ausprägungen radikaler, extre-
mistischer und terroristischer Gruppen fließend. Es
können einige „Stufen" der Radikalisierung beobachtet werden. Moderate Islamisten wollen ihre Ziele
durch soziale und politische Aktion („Marsch durch
die Institutionen") erreichen und versuchen, durch de-
mokratische Wahlen an die Macht zu kommen, wie
das zum Beispiel 1990 in Algerien und 2012 in Ägyp-

ten geschah. Die nächste Steigerung besteht darin, durch eine Revolution die Macht an sich zu reißen und einen bestehenden Staat im islamistischen Sinne umzuprägen. Das bekannteste Beispiel ist das Gelingen der Revolution Khomeinis im Iran 1979. Wenn der Weg über Wahlen oder durch eine Revolution scheitert oder die eigenen Kräfte nicht ausreichen, folgt als nächste

Wie sich jener Staat schrittweise ausdehnte, soll sich auch der moderne islamische Staat von einem Zentrum aus in die ganze Welt ausbreiten.

Stufe der Terrorismus aus dem Untergrund. Damit soll der „gottlose" Staat geschwächt oder so sehr destabilisiert werden, dass in einer Situation des Chaos die Macht übernommen werden kann.

Von al-Qaida zum „Islamischen Staat"

Eine neue Dimension erreichte der radikale Djihadismus durch den aus Saudi-Arabien stammenden Osama Bin Laden (1957/58–2011), dessen Bewegung *al-Qaida* („die Basis") von Afghanistan aus ein weltweit operierendes, terroristisches Netzwerk schaffen konnte. Dabei halfen ihm erstens die modernen Kommunikationsmittel und zweitens die radikal-islamistische Bewegung der Taliban („Schüler, Studenten"). Anlass für den terroristischen Kampf Bin Ladens war die Besetzung Afghanistans durch Truppen der Sowjetunion im Jahr 1979. Bin Laden sammelte arabische Djihadisten um sich und unterstützte sie finanziell in ihrem Partisanenkrieg gegen die Besatzungsmacht. So entstand 1988 al-Qaida.

Ab 1994 kooperierte Bin Laden mit der afghanischen Taliban-Bewegung. Diese war in pakistanischen Schulen für afghanische Flüchtlingskinder entstanden und folgte einer extremen Form des Deobandismus. Die Deobandi-Bewegung war im 19. Jahrhundert in Indien/Pakistan als strenge Reformbewegung in Auseinandersetzung mit der britischen Herrschaft entstanden und beeinflusste islamistische Bewegungen in ganz Südasien.

Die *Taliban* begannen ihre kämpferischen Aktionen 1994 im Süden Afghanistans von Kandahar aus, eroberten 1996 die Hauptstadt Kabul und riefen unter ihrem Führer Mullah Mohammed Omar das Islamische Emirat Afghanistan aus. Fünf Jahre lang kontrollierten die Taliban den Großteil des Landes und errichteten hier eine Herrschaft nach den Geboten der Scharia. In diesem Raum konnte al-Qaida ungehindert Terroristen aus aller Welt ausbilden und von hier aus die spektakuläre Zerstörung der Zwillingstürme des *World Trade Center* in New York am 11. Sept. 2001 vorbereiten. Diese Katastrophe mit etwa 3000 Toten veranlasste die USA und Großbritannien zum militärischen Eingreifen in Afghanistan, um gemeinsam mit der „Vereinigten Front" das Land von der Herrschaft der Taliban zu befreien. Diese setzten ihren Kampf gegen die ausländischen Truppen und gegen die mit ihnen kooperierenden Afghanen aus dem Untergrund fort. Durch die neue Situation verlor al-Qaida seine Operationsbasis in Afghanistan, war aber noch in der Lage, in einzelnen Ländern durch einheimische Gruppen größere Terrorakte durchzuführen.

Aus al-Qaida heraus entwickelte sich ab 1999 eine terroristische Gruppe, die zum *„Islamischen Staat"* führte. Ein Jordanier mit dem Kampfnamen Abu Musab al-Zarqawi hatte sich einer palästinensisch-jordanischen Djihadistengruppe angeschlossen, verbrachte deshalb fünf Jahre in einem jordanischen Gefängnis und ging anschließend zum Kampf nach Afghanistan. Hier scharte er eine ihm hörige Gruppe arabischer Djihadisten um sich, ordnete sich aber nicht al-Qaida unter. Außer der Unterstützung der Taliban blieb es sein Ziel, sowohl das jordanische Königshaus als auch Israel zu vernichten.

Nach dem 11. September 2001 verlegte al-Zarqawi die Basis seiner Gruppe in die kurdischen Berge an der irakisch-iranischen Grenze und begann 2003, nach dem Sturz des Regimes von Saddam Hussein, mit Terroranschlägen sowohl gegen die westliche Militärpräsenz als auch gegen die schiitischen „Ungläubigen". Seine Gruppe bekannte sich zu dem Anschlag auf die den Schiiten heilige Moschee in Nadjaf mit fast hundert Toten. Der Kampf von Sunniten gegen Schiiten war eine neue Dimension des Terrorismus und führte den Irak in den Bürgerkrieg. Dabei ging al-Zarqawi mit großer Brutalität vor.

Der Kampf von Sunniten gegen Schiiten war eine neue Dimension des Terrorismus.

al-Zarqawi fand 2006 durch einen Luftangriff den Tod. Seine Gruppe blieb aber bestehen und nannte sich nun „Islamischer Staat im Irak" (ISI). Diese Namensgebung brachte zum Ausdruck, dass die Terrorgruppe von Anfang an die Gründung eines islamischen Staates auf dem Programm hatte. Das verschaffte dem ISI große Sympathie und Zulauf aus der Djihadistenszene. Der Iraker

Abu Omar al-Baghdadi übernahm die Führung. Um das bis dahin eroberte Gebiet zu verwalten, begann er mit dem Aufbau staatlicher Strukturen. Die Mittel kamen aus Schmuggel und der Erpressung von Schutz- und Lösegeldern. Auch al-Baghdadi ging mit ungewöhnlicher Brutalität vor. Das führte allerdings zum Widerstand unter der sunnitischen Bevölkerung und zu einer vorübergehenden Schwächung des ISI. Erst nach dem Abzug der amerikanischen Truppen, der 2011 abgeschlossen war, erstarkte die Gruppe wieder und setzte ihren Kampf fort.

2010 war Abu Omar al-Baghdadi durch einen amerikanischen Luftangriff ums Leben gekommen. Nun übernahm der promovierte irakische Religionsgelehrte Ibrahim Awwad al-Badri (geboren 1971) mit dem Kampfnamen Abu Bakr al-Baghdadi die Führung. Er hatte sich früh dem sunnitischen Widerstand gegen die amerikanisch-britische Besatzungsmacht angeschlossen und saß 2004–2006 im Gefängnis. Hier radikalisierte er sich und lernte wichtige neue Kampfgefährten kennen. Als Führer von ISI bekämpfte er wie seine Vorgänger sowohl Schiiten als auch Christen und Jesiden und ging dabei ebenso erbarmungslos vor. Auch er verweigerte al-Qaida den Gehorsam.

Der seit 2011 in Syrien tobende Bürgerkrieg bot ihm die Möglichkeit, auch hier Territorien zu erobern und ein nationale Grenzen überschreitendes staatliches Gebilde zu schaffen (daher die Namensänderung in ISIS, „Islamischer Staat in Irak und Syrien" mit der vorläufigen Hauptstadt Raqqa am Euphrat). Damit verfolgte er das alte Ziel, die Umma immer weiter auszudehnen und vor keiner Landesgrenze haltzumachen. Die instabile Lage im

Irak und das Chaos in Syrien machten das möglich. In der militärischen Taktik folgten ISI und ISIS der beduinischen Tradition der Raubüberfälle (arabisch *ghazwa*, davon das deutsche Wort Razzia), freilich mit modern bewaffneten Kampftrupps auf schnellen Pritschenwagen. Dabei verübte man nach wie vor Selbstmordattentate und Geiselnahmen, erweiterte den Terror aber durch spektakuläre Massenhinrichtungen in eroberten Städten. Zur Abschreckung erschienen Bilder davon im Internet.

Zum Aufbau seines islamischen Staates hatte sich Abu Bakr al-Baghdadi mit ehemaligen Beamten und Offizieren des irakischen Baath-Regimes, die aus Staatsdienst und Armee entlassen worden waren, verbündet. Nur diese Zusammenarbeit machte es ISIS im Sommer 2014 möglich, die Millionenstadt Mosul zu erobern. Dabei erbeutete man nicht nur beträchtliche Geldmengen, sondern auch riesige Waffenbestände. Hier rief ISIS am 29. Juni 2014 ein neues sunnitisches Kalifat aus und huldigte am 4. Juli Abu Bakr al-Baghdadi als dem neuen „Kalifen Ibrahim". Während dieser sich bisher im Hintergrund gehalten hatte, trat er an diesem Tag in der großen Moschee von Mosul auf und hielt eine Rede, die über Video im Internet übertragen wurde. Die Ausrufung des Kalifats und die Namensänderung in „Islamischer Staat" (IS) verschaffte der Organisation viel Sympathie in der Djihadistenszene und Zulauf von Kämpfern aus aller Welt.

Zweifellos erreichte der internationale Djihadismus 2014 einen vorläufigen Höhepunkt. Die Ausrufung des

Um das bis dahin eroberte Gebiet zu verwalten, begann er mit dem Aufbau staatlicher Strukturen.

Kalifats war eine Kampfansage sowohl an die schiitische Welt als auch an die sunnitischen Monarchien, vor allem an Saudi-Arabien, und an das sunnitische Establishment im Allgemeinen. Damit brachte der „Kalif Ibrahim" die gesamte sunnitische und schiitische Welt gegen sich auf. Für die Wahl des Kalifen kennt die Scharia Regeln, die der IS übertreten hat. Es bleibt momentan abzuwarten, wie die muslimische Welt mit dem angemaßten Kalifen umgehen wird und wie lange dieser sich behaupten kann. Vor allem ist zu fragen, wie lange die merkwürdige Allianz zwischen den alten Kadern des Saddam-Hussein-Regimes und den fanatischen Djihadisten halten wird. Vorerst verbindet sie ihr Hass auf die Schiiten, die im Irak die Führung übernommen haben, und gegen die (aus dem Schiismus kommenden) Alawiten, die seit 45 Jahren in Syrien an der Macht sind.

Es gehört zum Wesen djihadistischer Fanatiker, dass sie sich mit dem Erreichten nicht zufriedengeben. Ihre Ideologie treibt sie zu weiteren Eroberungen an. Zunächst könnte der IS versuchen, die alten sunnitischen Metropolen und früheren Kalifatssitze Damaskus und Bagdad zu erobern und damit den syrisch-irakischen Raum zu einem Herrschaftsgebiet zu vereinen. Ein nächstes Opfer seines Expansionsdranges könnten die Staaten Libanon und Jordanien sein, da sie traditionell zum syrischen Kulturraum gehören. Dazu gehört aber auch das Westjordanland. Die Beseitigung des Staates Israel steht natürlich auf der Agenda von IS ganz oben. Die dramatischen Umwälzungen im Nahen Osten haben ihren Höhepunkt wahrscheinlich noch nicht erreicht.

Christen unter terroristischer Bedrohung

Wie sollen sich Christen im Mittleren Osten, in Afrika (z.B. in Libyen, Nigeria und Somalia) und in Asien (z.B. in Pakistan und auf den Philippinen) angesichts des gegenwärtigen muslimischen Terrorismus verhalten? Für die unmittelbar Betroffenen ist das eine sehr existenzielle Frage. Wenn ortsansässige Christen von terroristischen Gruppen überrannt werden, wie beispielsweise im Irak, in Syrien, Mali und Nigeria geschehen, bleibt ihnen nur die sofortige Flucht, um das nackte Leben zu retten. Für alle, die nicht rechtzeitig fliehen können, ist die zwangsweise Zahlung der muslimischen Kopfsteuer noch das kleinste Übel. Schlimmer ist es, dass der IS in Irak und Syrien sowie Boko Haram in Nigeria willkürliche Massenhinrichtungen durchführen sowie Frauen und Mädchen versklaven, wenn sie sich nicht zum Islam bekennen.

Christen in Ägypten riefen öffentlich zur Vergebung für die Attentäter auf und setzten bewusste Zeichen der Versöhnung.

Christen, die nicht unmittelbar vom muslimischen Terror betroffen sind, werden sich überlegen, wie sie christlichen Flüchtlingen am sinnvollsten helfen und ihnen dadurch ihre Solidarität zeigen können. In einer anderen Situation sind Christen, die von terroristischen Anschlägen auf Kirchen, kirchliche Einrichtungen oder private Geschäfte betroffen sind. Hier ist einerseits der jeweilige Staat gefordert, die Täter zu bestrafen und die entstandenen Schäden zu beheben. Christen werden sich in erster Linie dafür einsetzen, die Hinterbliebenen der

Verstorbenen zu trösten und ihnen durch materielle Hilfe beizustehen. Einen Schritt weiter gingen viele Christen in Ägypten 2013 nach der Entmachtung von Staatspräsident Mohammed Mursi und der darauf folgenden Brandanschläge auf zahlreiche Kirchen und kirchliche Einrichtungen. Sie riefen öffentlich zur Vergebung für die Attentäter auf und setzten bewusste Zeichen der Versöhnung. Da Mursi aus der Muslimbruderschaft kam, rechtmäßig gewählt wurde und sich dann anschickte, Ägypten in einen muslimischen Staat umzuwandeln, kamen die Brandstifter vermutlich aus dem Umfeld der Bruderschaft. Die ägyptischen Christen verzichteten bewusst auf Rachemaßnahmen, feierten in den Kirchenruinen Gottesdienste und streckten die Hand zur Versöhnung aus. Solche Zeichen sind keine Schwäche, sondern wahre Stärke. Nur so kann der muslimische Terrorismus dauerhaft überwunden werden.

11. Warum Kritik am Islam verboten ist

Im Herbst 2005 erschienen in einer dänischen Zeitung Karikaturen, in denen Mohammed kritisiert wurde, unter anderem wegen seiner zahlreichen Kriege. Durch die Art der Darstellung brachte der Zeichner ihn mit dem Bombenterror der Gegenwart in Verbindung. Die Karikaturen lösten einige Monate später eine Welle der Entrüstung, der Demonstrationen und der wütenden Zerstörung westlicher Einrichtungen aus. Selbst moderate muslimische Gelehrte und Politiker forderten eine Entschuldigung der dänischen Regierung und eine Bestrafung der verantwortlichen Redakteure. Ähnliches geschah im Herbst 2006, nachdem Papst Benedikt XVI. in einer Vorlesung in Regensburg das negative Votum eines byzantinischen Kaisers über Mohammed als Beispiel zitiert hatte.

Was war hier passiert? Warum reagierten viele Muslime so empört und militant? Zunächst einmal muss festgestellt werden, dass die Grenzen zwischen sachlicher Kritik, humorvoller Karikatur und beleidigender Blasphemie fließend sind. Auch im Westen leiden Menschen, besonders Christen, unter der spöttischen Herabsetzung religiöser Inhalte. Viele sind der Meinung, dass die Freiheit von Kunst und Meinungsäußerung oft zu weit geht.

Die spezielle muslimische Sicht der Dinge wird damit jedoch noch nicht erfasst. Im Islam geht man grundsätzlich davon aus, dass Glaube und öffentliche Ordnung eine Einheit zu bilden haben und der Staat deshalb die

Aufgabe hat, die Beleidigung religiöser (sprich: islamischer) Inhalte strafrechtlich zu ahnden. Dazu gehören kritische, spöttische und blasphemische Äußerungen über Allah, Mohammed, die Prophetengefährten, den Koran und den Islam im Allgemeinen. Wenn Nichtmuslime solche herabsetzenden Äußerungen im muslimischen Herrschaftsgebiet machen, steht nach der Scharia darauf die Todesstrafe. Werden solche Äußerungen außerhalb des „Hauses des Islam" gemacht – wie im Fall der Mohammed-Karikaturen und der Papstrede –, gilt das als ein Angriff auf den Islam, der bekämpft werden muss. Obwohl Mohammed sich nur als Sprachrohr Allahs verstand, verehrten ihn seine Anhänger so sehr, dass er neben Allah zum wesentlichen Inhalt des Glaubens wurde.

Hinter dieser Rechtsauffassung steht die geschichtliche Erfahrung, dass bereits Mohammed die muslimische Gemeinschaft zu einer religiös-politischen Größe geformt hatte. Er war religiöser und politischer Führer in einer Person.

Das Glaubensbekenntnis heißt kurz und bündig: „Ich bezeuge, dass es keine Gottheit außer Allah gibt und dass Mohammed der Gesandte Allahs ist." Jede Kritik an Mohammed – und erst recht jede Karikierung, Herabsetzung und Verunglimpfung – wird als Kritik an Allah und dessen Erwählung Mohammeds verstanden.

Obwohl er sich nur als Sprachrohr Allahs verstand, verehrten ihn seine Anhänger so sehr, dass er neben Allah zum wesentlichen Inhalt des Glaubens wurde.

Für die christliche Sicht der Dinge lohnt sich ebenfalls ein Blick in die Geschichte. Am Anfang der christlichen

Kirche stand die Verspottung von Jesus durch römische Soldaten und seine Hinrichtung durch eine unehrenhafte Kreuzigung. Die Auferweckung von Jesus hat das Kreuz aber zu einem Symbol des Sieges gemacht. Als solches wird es in der christlichen Kirche in Ehren gehalten.

Die frühe Kirche erduldete dreihundert Jahre lang übelste Verleumdung und Verspottung. Sie konnte das ertragen, weil sie gewiss war, dass Gott sich nicht spotten lässt und am Ende das letzte Wort behält. Sie wusste, dass jeder, der Christus und die Kirche beleidigt, es immer mit dem richtenden Gott zu tun bekommt.

Seit dem 4. Jahrhundert hatte die christliche Kirche in manchen ihrer Verbreitungsgebiete, besonders in Europa, großen Einfluss auf Staat und Gesellschaft. Es war nun unmöglich, christliche Glaubensinhalte öffentlich zu beleidigen. Seit der Reformationszeit war man allerdings nicht zimperlich darin, den konfessionellen Gegner durch Karikaturen zu verunglimpfen. Seit dem 18. Jahrhundert machte das kritische Denken des Westens auch vor den Inhalten des christlichen Glaubens nicht halt. Man karikierte jetzt auch Gott, Jesus Christus und den Heiligen Geist. Was zuerst nur in geschlossenen Diskussionszirkeln möglich war, setzte sich allmählich in der Öffentlichkeit durch.

Wenn religiöse Inhalte verunglimpft werden

Der Abbau von Tabus war ein langer Prozess. Aber seit den 1960er-Jahren erfolgte in Europa ein regelrechter Dammbruch. Auf die religiösen Gefühle von Christen nahmen die Kritiker kaum noch Rücksicht. Die „Gotteslästerungsparagrafen" wurden nach und nach abgeschafft. Prozesse wegen Beleidigung von religiösen Inhalten waren kaum noch zu gewinnen.

Heute ist es im Westen weitgehend Konsens, dass der Staat zwar die ungestörte Religionsausübung zu garantieren hat, für die Bestrafung von Gotteslästerung aber nicht mehr zuständig ist. Nur der allgemeine Anstand setzt der groben Beleidigung noch Grenzen, aber es ist unmöglich, diese Grenzen juristisch festzustellen. Gerichtlich verfolgen lässt sich öffentliche Beleidigung nur noch dann, wenn sie Menschen an Leib und Gut schadet oder öffentlichen Aufruhr verursacht. Da Beleidigungen religiöser Inhalte durch die Medien normalerweise niemandem an Leib und Gut schaden, bleibt nur noch die Gefahr öffentlichen Aufruhrs.

Da von christlicher Seite kein Aufruhr zu erwarten ist, bleiben nur Unruhen von muslimischer Seite als eine potenzielle Gefahr. Nach den Tumulten und Drohungen infolge der Mohammed-Karikaturen ist zu vermuten, dass die westlichen Medien sich in Zukunft bei der Verunglimpfung muslimischer Werte zurückhalten werden, während sie das bei der Herabsetzung christlicher Werte kaum tun dürften. Wir stehen also vor der absurden Situation, dass Länder mit christlicher Tradition die christlichen Werte nicht schützen, während sie das bei muslimischen Werten aus Furcht vor öffentlicher Unruhe vermutlich tun werden.

Sollen Christen deshalb zu aller Herabsetzung ihres Glaubens schweigen? Ich meine nicht. Denn eine Gesellschaft, die das Heilige verspottet, zieht Gottes Gericht auf sich. Aus Verantwortung für die Gesellschaft, in der sie leben, sollten Christen da, wo es möglich ist, ihre Stimme gegen die Verunglimpfung ihres Glaubens erheben.

In muslimischen Ländern ist das fast nicht möglich. In der freien Welt können dagegen alle juristischen und publizistischen Möglichkeiten ausgenutzt werden. Gewaltanwendung kann auf keinen Fall ein christlicher Weg sein. Eher ist die Herabsetzung des eigenen Glaubens in der Gewissheit zu ertragen, dass Gott sich nicht spotten lässt. Diese frühchristliche Haltung muss heute, wo der christliche Glaube fast durch keinen Staat mehr geschützt wird, neu gelernt werden. Das fällt besonders in Europa nach der langen Zeit des „christlichen Abendlandes" nicht leicht.

Wir stehen also vor der absurden Situation, dass Länder mit christlicher Tradition die christlichen Werte nicht schützen, während sie das bei muslimischen Werten aus Furcht vor öffentlicher Unruhe vermutlich tun werden.

Christen sollten sich nicht an der Herabsetzung anderer Glaubensweisen beteiligen. Ihre Kritik an anderen Religionen muss respektvoll, sachlich und biblisch begründet sein. In vielen Ländern sind allerdings auch einer sachlichen Auseinandersetzung mit der jeweils vorherrschenden Religion enge Grenzen gesetzt. Das Reden über den nichtchristlichen Glauben erfordert hier besonders viel Weisheit und Geistesleitung.

In der freien Welt haben Christen viele Möglichkeiten, um gegen blasphemische Darstellungen ihres Glaubens zu protestieren. Einzelne Christen können an Zeitungsredaktionen persönliche Leserbriefe schreiben. Sie sollten nicht polemisch, sondern sachlich und knapp sein und die persönliche Betroffenheit zum Ausdruck bringen. Literarisch tätige Christen können Artikel und Bücher zu den Themen von Blasphemie veröffentlichen. Jeder Christ kann als Bürger Einfluss auf die Politik nehmen, indem er die Abgeordneten seines Wahlkreises auf örtlicher, Landes- oder Bundesebene anspricht.

Noch hilfreicher ist es, wenn christliche Gemeinden, Kirchenbezirke oder Kirchen bei den Aufsichtsorganen von Rundfunk- und Fernsehanstalten oder Kinobetreibern protestieren. Es können Unterschriftenaktionen und Mahnwachen organisiert werden. Juristischer Einspruch ist durchaus auch dann sinnvoll, wenn wenig Aussicht auf Erfolg besteht, weil jeder Prozess eine gewisse Medienwirksamkeit hat.

Ziel aller Einflussnahme muss es sein, um des Wohles der Bürger willen die Verunglimpfung religiöser Überzeugungen in Grenzen zu halten. Bei aller Freiheit zu sachlicher Kritik sollte auf religiöse Gefühle Rücksicht genommen werden. Auf jeden Fall ist zu erreichen, dass im freien Westen nicht mit zweierlei Maß gemessen wird, indem der Islam stärker geschützt wird als der christliche Glaube.

12. Der Herrschaftsanspruch der muslimischen Umma – warum Christen in islamisch dominierten Ländern leiden

In Europa ist die Frage nach einer „Leitkultur" umstritten, im Raum des Islams wird sie ziemlich eindeutig zugunsten des Islams beantwortet. Die Europäer haben sich seit Renaissance und Aufklärung immer mehr von der früher prägenden christlichen Kultur entfernt. Viele Muslime verstehen dagegen bis heute die von der Scharia geprägte Kultur als verbindlich für die von ihnen beherrschten Gebiete und kämpfen vehement gegen den westlichen Individualismus und die dadurch drohende Überfremdung ihrer Kultur. Was bedeutet das für Muslime in Europa und für Christen im muslimischen Raum?

Kultur ist im weitesten Sinne die Gestaltung aller Lebensbereiche durch Menschen, gesellschaftliche Gruppen und Staaten. Früher hatten Großfamilien, Stämme und Völker eine relativ einheitliche Kultur. Diese Einheitlichkeit ging in Europa seit dem 16. Jahrhundert Schritt für Schritt verloren. Heute steht das Recht des Einzelnen auf persönliche Lebensgestaltung im Vordergrund. Die Verfassungen der einzelnen Länder schützen einerseits die individuellen Freiheiten der Bürger sowie die Rechte der unterschiedlichen gesellschaftlichen Gruppen, legen andererseits einen verbindlichen Rahmen für ein geordnetes Zusammenleben fest. Die Verfassungen schützen zwar – wie lange noch? – auch einige Werte der christlichen Kultur (zum Beispiel den Sonntag, die Feiertage und die Einehe), aber grundsätzlich gewähren sie dem Pluralismus der Kulturen viel Raum.

Muslime haben deshalb die Möglichkeit, in Europa gemäß ihren eigenen kulturellen Traditionen zu leben und Subkulturen zu schaffen. Umstritten ist bei Nichtmuslimen lediglich die Frage, an welchen Punkten die typischen Ausprägungen der islamischen Kultur (zum Beispiel das Tragen des weiblichen Kopftuches, der öffentliche Gebetsruf per Lautsprecher, das rituelle Schlachten von Tieren und der Verzehr von rituell geschlachtetem Fleisch in öffentlichen Einrichtungen) mit den Rechten anderer Menschen kollidieren, und wie sich bestimmte Merkmale des islamischen Rechtes (zum Beispiel die Mehrehe für Männer) mit dem traditionellen europäischen Recht vereinbaren lassen.

Während Muslime in Europa einen weiten Freiraum genießen, müssen Christen und andere Nichtmuslime im muslimischen Herrschaftsraum häufig gravierende Einengungen, Benachteiligungen und Diskriminierungen hinnehmen. Die Umma versteht sich seit ihrer Entstehung im 7. Jahrhundert als eine Kraft, welche die öffentliche Ordnung, die Gesellschaft und damit auch die Kultur bestimmt. Der Islam zielt von seinem Selbstverständnis her auf öffentliche Lebensgestaltung und Dominanz ab. Das gilt es festzuhalten, wenn Kirche und Umma verglichen werden.

Christen lebten am Anfang ihrer Geschichte viele Jahrhunderte lang – und leben bis heute in vielen Ländern! – als Minderheiten in Gesellschaften, die dem christlichen Glauben feindselig gegenüberstanden. Nur zeitweise und regional (im Reich von Byzanz, in Armenien und Äthiopien, in Europa, im Russischen Reich und in Amerika) hat der christliche Glaube ganze Gesellschaften und Kulturen geprägt.

Gesellschaftliche Dominanz war für die Kirche bei ihrer Entstehung nicht vorgesehen, für die Umma war sie dagegen von Anfang an Programm. Das haben die muslimischen Länder bis heute weitgehend durchgehalten. Der öffentliche Lebensrhythmus wird durch die Pflicht zum fünfmaligen Gebet, durch den öffentlichen Aufruf zu diesem Gebet (heute per Lautsprecher) und durch den Fastenmonat Ramadan geprägt. Männer und besonders Frauen haben sich in der Öffentlichkeit auf eine bestimmte Weise zu kleiden. Menschen und Tiere

Der Islam zielt von seinem Selbstverständnis her auf öffentliche Lebensgestaltung und Dominanz ab.

sollen nach der traditionellen Auffassung in Malerei und bildender Kunst nicht dargestellt werden. Verboten sind nach herkömmlichem Recht das Glücksspiel, das Halten von Schweinen sowie der Verkauf von Alkohol und sein öffentlicher Genuss. Verboten ist in manchen Ländern weltliche Musik in der Öffentlichkeit, erlaubt ist nur die Rezitation des Korans.

Christen und andere Nichtmuslime dürfen nach traditioneller Auffassung unter muslimischer Herrschaft nur in ihren Privatwohnungen und in ihren gottesdienstlichen Gebäuden – sofern sie erlaubt werden – ihr eigenes Leben gestalten. Die Muslime verfügen aber weitgehend darüber, wie Kirchen nach außen auszusehen haben. Im Laufe der Geschichte war es häufig verboten, Glocken zu läuten oder an Kirchen Kreuze zu zeigen. Muslime wollen auch bestimmen, wie Christen sich in der Öffentlichkeit zu kleiden haben. Früher war teilweise eine Kleidung vorgeschrieben, die Christen von Muslimen deutlich unterschied; umgekehrt ist heute in einigen Ländern das Tragen muslimischer Kleidung auch für christliche Frauen Pflicht. In manchen Ländern haben Nichtmuslime kaum Zugang zu bestimmten Berufen und öffentlichen Positionen. Strenge Muslime achten darauf, dass Christen im Fastenmonat Ramadan öffentlich nicht essen und trinken, keinen Alkohol verkaufen oder kaufen usw.

Im staatlichen Schulunterricht dominiert häufig die spezifisch muslimische Auffassung von Geschichte und Religion. Im Nahen Osten zum Beispiel wird die christliche Geschichte und Kultur im Schulunterricht weitgehend ausgeblendet. Die „richtige Geschichte" eines Landes beginnt nach den Lehrbüchern normalerweise mit der muslimischen Eroberung. Christliche Kinder müssen im Arabischunterricht Korantexte auswendig lernen, muslimische Kinder erfahren dagegen fast nichts vom christlichen Glauben, es sei denn in einer polemisch verfälschten Weise. Christliche Kinder müssen vielfach am islamischen Religionsunterricht teilnehmen. In Ägypten haben die Kopten keine Möglichkeit, ihre alte Sprache an einer öffentlichen Schule oder Hochschule zu erlernen. Ist es ein Wunder, wenn Christen sich als Fremde im eigenen Land fühlen?

Im Nahen Osten wird die christliche Geschichte und Kultur im Schulunterricht weitgehend ausgeblendet.

Traditionell ist jede nicht muslimische Einflussnahme

auf die Öffentlichkeit verboten. Christen dürfen nicht für ihren Glauben werben, geschweige denn Muslime zur Nachfolge von Jesus Christus einladen. Selbst die kirchliche Diakonie wird mancherorts nicht gern gesehen, wenn sie die Grenzen der Gemeinden überschreitet. Christen werden im öffentlichen Leben, im Zugang zu Radio und Fernsehen und in der Politik, weitgehend marginalisiert.

Natürlich ist die Situation heute von Land zu Land, ja oft von Ort zu Ort verschieden. Die muslimischen Länder und Gesellschaften haben sich in sehr unterschiedlichem Maße dem westlichen Gedanken der persönlichen Freiheit geöffnet. Die Skala reicht von Afghanistan, Iran und Saudi-Arabien auf der Negativ-Seite bis hin zu Ländern wie Bangladesch, Mali und Senegal, in denen Christen bisher einigermaßen gleichberechtigte Staatsbürger waren.

Zum europäischen Grundsatz von Freiheit und Gleichheit für alle Staatsbürger gibt es meines Erachtens keine Alternative. Er fördert aber einen kulturellen Pluralismus, der nur durch den gesetzlichen Rahmen begrenzt wird. Daraus folgt einerseits, dass Muslimen in Europa die gleichen Rechte und kulturellen Freiräume zustehen wie anderen Staatsbürgern auch, dass sie aber andererseits verpflichtet sind, die gesetzlichen Grenzen zu respektieren. Aus diesen Rechten und Pflichten folgt, dass die säkularen europäischen Staaten um der Gleichberechtigung willen die Gewährung der Menschenrechte bei den Regierungen muslimisch dominierter Länder anmahnen müssen. Auch die christlichen Kirchen in Europa sollten nicht müde werden, die Religions- und Kulturfreiheit für die in muslimischen Ländern lebenden Christen einzufordern.

13. Der Ismael-Isaak-Konflikt in seiner weltgeschichtlichen Bedeutung

Muslime werden von Christen oft als „Söhne Ismaels" bezeichnet und damit in eine heilsgeschichtliche Nähe zu Juden und Christen gerückt. In christlicher Literatur zum Nahostkonflikt wird die Feindschaft zwischen Arabern und Israel gern als eine Fortsetzung des Konfliktes zwischen Ismael und Isaak gedeutet. Dabei werden die Araber gewissermaßen als Stiefbrüder der Juden verstanden. Rechtfertigen die biblischen Texte diese Sichtweise? Es lohnt sich, diese genau anzuschauen und gleichzeitig die Korantexte zu Ismael und Isaak kritisch zu hinterfragen. Nur so kann die weltgeschichtliche Bedeutung des Ismael-Isaak-Konfliktes verstanden werden.

Isaak und Ismael in der Bibel

Ismael ist nach 1. Mose 16,1-16 der eigenmächtig gezeugte erste Sohn Abrahams. Sara hatte Abraham den Vorschlag gemacht, die ägyptische Magd Hagar zur Nebenfrau zu nehmen und mit ihr den von Gott verheißenen Erben zu zeugen. Abraham hatte eingewilligt. Im Gesamtzusammenhang der Erzählung ist Saras Vorschlag ein ungeduldiges Vorgreifen auf Gottes Eingreifen, also ein Akt des Unglaubens. Es folgen ein Eifersuchtsdrama zwischen Sara und Hagar und ein Ehekonflikt zwischen Sara und Abraham. Hagar flieht, aber durch einen Boten Gottes empfängt sie eine Verheißung für ihren Sohn.

Ismael („Gott hört") soll viele Nachkommen haben, die zu einem großen Volk werden. Die Ismael-Leute werden Beduinen sein, sich aber im harten Leben der Wüste behaupten – auch gegenüber den Nachkommen Isaaks, die im fruchtbaren Land am Jordan leben dürfen.

Isaak ist nach 1. Mose 21,1-7 der Sohn, durch den sich die göttlichen Verheißungen erfüllen. In der Geburt Isaaks erweist sich Gott sowohl als der allmächtige Schöpfer als auch als der treue Bundesgott. Der Name Isaak bedeutet, dass Gott über diesem Menschen „freundlich lächelt". Deshalb sollen sich die Menschen über das Wunder Gottes freuen. Durch diesen Sohn wird Gott seine Heilsgeschichte für die ganze Menschheit in Gang setzen. Zunächst aber kommt es zu einem weiteren Konflikt im Hause Abrahams (1. Mose 21,8-21). Sara kann sich nicht damit abfinden, dass Ismael und ihr Sohn Isaak zusammen aufwachsen. Sie beobachtet, wie Ismael mit Isaak „Mutwillen trieb". Diese Übersetzung der Lutherbibel ist von der Aussage des Paulus in Galater 4,29 bestimmt, dass Ismael Isaak „verfolgte". Das hebräische Wort muss nicht unbedingt einen negativen Klang haben. Aber Sara fürchtet, dass Abraham Ismael und Isaak gleichbehandeln könnte. Tatsächlich scheint Abraham an Ismael zu hängen. Der Vorschlag Saras, die Magd Hagar mit ihrem Sohn zu vertreiben und ihnen das Erbrecht zu nehmen, missfällt Abraham sehr. Doch im Heilsplan Gottes muss die Eifersucht Saras dazu helfen, dass der „Sohn des Glaubens" der heils-

Im Gesamtzusammenhang der Erzählung ist Saras Vorschlag ein ungeduldiges Vorgreifen auf Gottes Eingreifen, also ein Akt des Unglaubens.

geschichtliche Segensträger und der „Sohn des Unglaubens" vertrieben wird.

Gott überzeugt Abraham, dass nur Isaak der Erbe der Bundesverheißungen Land, Volk und Segen für alle Völker sein soll. Gleichzeitig wiederholt er die irdische Segensverheißung für Ismael. Aber die Rangfolge ist klar: der Jüngere hat – gegen alles orientalische und menschliche Denken – den Vorzug vor dem Älteren. Hagar und Ismael werden in der Wüste gerettet. Der herangewachsene Ismael lebt mit seiner Mutter und seiner ägyptischen Frau im Gebiet der Sinai-Halbinsel. 1. Mose 25,12-18 berichtet von der Erfüllung der Verheißung für Ismael. Die Siedlungsgebiete der Ismaeliter liegen am Nordrand der Arabischen Halbinsel zwischen dem Ostjordanland, der Sinai-Halbinsel, dem Zweistromland und der syrisch-arabischen Wüste. Der Stammbaum Ismaels wird in der Bibel nicht fortgeführt. Psalm 83,7 bestätigt, dass die Ismaeliter südlich von Israel in der Steppe wohnen; sie werden hier zusammen mit den Edomitern, Moabitern und Hagaritern als Feinde des Gottesvolkes genannt. Israel wusste einerseits um die Verwandtschaft mit den Ismaelitern, andererseits aber um die Trennung von ihnen durch den Gottesbund.

In der biblischen Heilsgeschichte verlieren sich die Spuren der Ismaeliter. Vermutlich haben sich ihre Nachfahren mit anderen Völkerschaften vermischt. Beduinen hatten immer die Tendenz zur Sesshaftigkeit am Rand der Kulturländer oder gar zu deren Eroberung. Vielleicht haben sich die Nachfahren Ismaels irgendwo in den Gebieten östlich des Jordans sesshaft gemacht. Die Nachfahren Ismaels können jedenfalls nach der Bibel nicht mit allen Arabern oder gar mit den Muslimen gleichgesetzt werden.

Relativ wenig erwähnt wird die Ismael-Isaak-Typologie (Galater 4,21-31). Paulus sieht in Ismael und Isaak unterschiedliche Typen für das Verhalten von Menschen vor Gott. Hagar und Ismael stehen für den eigenmächtig handelnden Menschen, weil Abraham Ismael im Unglauben zeugte. Alle Menschen, die nicht auf Gottes Handeln warten wollen, sind „Ismael-Typen". Für den Apostel waren die Juden seiner Zeit, sofern sie Jesus ablehnten, „Ismael-Leute". Sie wollten durch das gewissenhafte Einhalten der mosaischen Gesetze die Gerechtigkeit vor Gott erlangen. Paulus sah darin eine gegen Gottes Heilsplan gerichtete Eigenmächtigkeit. Nur wer sich durch Jesus mit Gott in Ordnung bringen lässt, folgt der Verheißung Gottes! Indem er Gott vertraut, ist er wie Isaak ein „Sohn des Glaubens". Da das gesetzestreue Judentum die junge Christengemeinde verfolgte, sah Paulus in Ismael typologisch den Verfolger Isaaks.

> *Die Nachfahren Ismaels können jedenfalls nach der Bibel nicht mit allen Arabern oder gar mit den Muslimen gleichgesetzt werden.*

Für jüdische Hörer muss die Argumentation von Paulus ein Schock gewesen sein. Wie können die Erben der Verheißung mit dem „Sohn des Unglaubens" verglichen werden? Aber Ismael steht nach Paulus typologisch für alle Menschen, die Jesus als Erlöser ablehnen und durch eigenes Bemühen vor Gott gerecht sein wollen – seien sie Juden oder Muslime oder gesetzlich denkende Christen. Isaak steht dagegen für das grenzenlose Vertrauen in Gottes Macht und Möglichkeiten, also für Menschen, die im Glauben mit leeren Händen vor Gott stehen und sich beschenken lassen.

Für Griechen und Römer waren die Menschen, die an den östlichen Rändern Syriens, des Ostjordanlandes und des Toten Meeres lebten, „Araber", das heißt Nomaden oder Halbnomaden. Unter ihnen lebten einzelne Juden, vielleicht Kaufleute oder Proselyten. Auch sie galten in der jüdischen Diaspora als „Araber" und waren beim Pfingstfest in Jerusalem vertreten (Apostelgeschichte 2,11). Wir können davon ausgehen, dass es bald nach Pfingsten dort auch Jesus-Gläubige gab.

Auf jeden Fall entstanden im Lauf der nächsten Jahrhunderte im östlichen Syrien und im Ostjordanland bis hinunter ans Rote Meer christliche Gemeinden. Es gab eine „arabische Kirche". Die christlichen Araber lebten in „Pufferstaaten" zwischen dem Oströmischen Reich und dem Perserreich.

Die Menschen im alten Siedlungsgebiet der Ismaeliter sind also vor dem Aufkommen des Islams unter den Einfluss des Evangeliums gekommen. Dadurch gelangte der geistliche Segen über die Verheißungslinie Isaak-Israel-Jesus auch zu den Nachfahren Ismaels. Die Gnadenstunde Ismaels währte allerdings nur kurz. Im 7. Jahrhundert wurden die christlichen Nordaraber eine rasche Beute der Muslime.

Ismael und Isaak im Koran

Die koranischen Aussagen über Ismael und Isaak sind vage, haben sich im Laufe der Verkündigung Mohammeds verändert und sind teilweise falsch. Sie geben im Gegensatz zur Bibel kein klares Bild von den beiden Söhnen Abrahams, von ihrem Verhältnis zueinander und ihrer geschichtlichen Bedeutung. Die Dramatik der biblischen Ismael-Isaak-Geschichte spielt keine Rolle. Vielmehr sind Ismael und Isaak zu Muslimen und sogar zu Propheten Allahs umgedeutet worden (vgl. die Verse 37,112; 19,49; 19,54; 4,163; 3,84; 2,136). Dabei erscheint Isaak in den frühen Texten als der Wichtigere, während Ismael in den späteren Texten bedeutsamer wird. Offensichtlich war sich der Verkündiger des Korans über die Zuordnung von Ismael und Isaak nicht im Klaren.

In der späten Sure 2 (Verse 125-127) tritt Ismael allein mit Abraham in Mekka auf, um das Haus Allahs (die Kaaba) für die Wallfahrer zu reinigen, ja „die Grundmauern – dieses Hauses – aufzuführen ...". Hier erscheint Ismael nicht nur als ein Prophet Allahs, sondern zusammen mit Abraham als Stifter des arabischen Kaaba-Kultes. Er ist hier nicht nur „islamisiert", sondern „arabisiert" worden. Ismael ist zum entscheidenden Sohn Abrahams geworden. Hinter dieser Entwicklung steht der Kampf Mohammeds gegen die Juden von Medina. Isaak ist jetzt nur noch ein Ahnherr der aus dem „Haus des Islam" ausgestoßenen Juden, während Ismael zum Garanten des „reinen arabischen und universalen Islam" emporgehoben worden ist.

Der Verkündiger des Korans hat also die biblische Heilsgeschichte „auf den Kopf gestellt". Der ältere Sohn Abrahams, Ismael, wurde zum entscheidenden Heilsträger, der den Allah-Glauben zu den Arabern brachte und zeitversetzt über Mohammed zu allen Menschen. Damit setzte Mohammed die biblische Heilslinie „Isaak-Israel-Jesus" außer Kraft bzw. stufte sie zu einer überholten „Seitenlinie" herab. Um dies zu begründen, benutzte Mohammed vermutlich legendenhafte Erzählungen, die Ismael zum Stammvater der Araber machten, die geschichtlich aber keine Basis haben.

Der ältere Sohn Abrahams, Ismael, wurde zum entscheidenden Heilsträger, der den Allah-Glauben zu den Arabern brachte und zeitversetzt über Mohammed zu allen Menschen.

Hinter dieser eigenmächtigen Umdeutung steht der Kampf Mohammeds gegen Juden und Christen seiner Zeit. Die anfängliche Wertschätzung schlug zuletzt in bittere Feindschaft um. Was war der Grund? Mohammed wusste um die jüdische und christliche Einladung, an Gott zu glauben und dadurch das Heil zu erlangen. „Und sie (d.h. die Leute der Schrift) sagen: ‚Ihr müsst Juden oder Christen sein, dann seid ihr rechtgeleitet.' Sag: Nein! (Für uns gibt es nur) die Religion Abrahams, eines Hanîfen – er war kein Heide ..." (Sure 2,135). Der Araber Mohammed lehnte es ab, Jude oder Christ zu werden. Um das zu rechtfertigen, benutzte er den Rückgriff auf den gottesfürchtigen Abraham, der vor Mose und vor Jesus gelebt hatte, und entzog sich damit sowohl dem Anspruch des göttlichen Gesetzes als auch dem Evangelium von Jesus Christus.

Vielmehr erhob er Allah zu dem einen wahren Gott und sich selbst zu dem abschließenden und alle früheren Boten überbietenden Verkündiger Allahs. Mohammed setzte seine eigene Auffassung von Gott und seinem Heil durch.

Die Umdeutung Ismaels, des im Unglauben gezeugten Sohnes, zum wichtigsten Sohn Abrahams, macht deutlich, dass der Verkündiger des Korans die Tiefe menschlicher Sünde nicht erkannt hatte. Die Zeugung Ismaels mit Hagar war ja letztlich Misstrauen gegen Gott und seine Verheißung. Nach dem biblischen Zeugnis richtet sich die menschliche Sünde gegen Gott selbst (1. Mose 3,5; Psalm 51,6). Der Koran betont dagegen, dass der Mensch *„gegen sich selbst"* sündigt (zum Beispiel Sure 7,23), weil er dann die Strafe des Höllenfeuers zu erleiden hat. Dahinter steht eine theologische Entscheidung. Der Allah des Islams gilt als so sehr über alles Menschliche erhaben, dass der Mensch unmöglich gegen ihn sündigen kann. Die Bibel bezeugt dagegen, dass Gott so voller Liebe zu seinen Geschöpfen ist, dass er unter ihrer Rebellion „leidet" und alles unternimmt, um sie zu überwinden. Hier wird der Unterschied zwischen dem biblischen und dem koranischen Gottesverständnis deutlich.

Die Bibel bezeugt dagegen, dass Gott so voller Liebe zu seinen Geschöpfen ist, dass er unter ihrer Rebellion „leidet" und alles unternimmt, um sie zu überwinden.

Der arabisch-jüdische Konflikt liegt nicht in der Bibel, sondern im Koran begründet. Der Hass auf die Juden ist im Koran festgeschrieben und stimuliert Muslime bis heute in ihrer Feindschaft gegen Juden. Die Gründung des Staates Israel in einem Gebiet, das etwa 1200 Jahre muslimisch beherrscht war, hat diesem Konflikt natürlich eine neue Dimension gegeben. Denn nach islamischer Rechtsvorstellung muss ein einmal von Muslimen beherrschtes Gebiet für immer muslimisch bleiben. Insofern ist der Konflikt um Israel nur Teil eines Weltkonfliktes. Dessen Keim liegt im Absolutheitsanspruch Mohammeds. Konsequente Muslime kämpfen für die Weltherrschaft des Islams und damit gegen alles, was dem Islam entgegensteht – seien es christliche Mission, westliche Überlegenheit oder säkulare Kultur. Dieser Kampf hat endzeitliche Dimensionen. Der muslimische Machtanspruch kann nur durch die Macht des gekreuzigten und auferstandenen Christus überwunden werden. Ihm gehört der letzte Triumph. In dieser gewissen Hoffnung können Christen dem muslimischen Machtanspruch begegnen.

14. Der Unterschied zwischen christlicher Mission und muslimischer Werbung

Sowohl der christliche Glaube als auch der Islam sind Weltreligionen, die auf Ausbreitung bedacht sind. Sie verkündigen der Menschheit Botschaften, in denen es um ewiges Heil und ewige Verlorenheit geht. Diese „Konkurrenz" hat dazu geführt, dass die Begegnung von Christen und Muslimen meistens schwierig und oftmals von Konflikten begleitet war – leider bis heute. Früher ließen sich Christen nicht selten darauf ein, staatliche Macht zu Hilfe zu nehmen – ein Verhalten, das im Islam religiös legitimiert und deshalb normal ist. Andererseits haben Muslime viele Methoden der neuzeitlichen christlichen Mission nachgeahmt. Es ist deshalb wichtig, die wesentlichen Unterschiede zwischen Mission im biblischen Verständnis und muslimischer Werbung im koranischen Verständnis zu beachten. Da „Mission" ein genuin biblisches Anliegen ist, halte ich es nicht für hilfreich, dieses Wort für die muslimische Werbung zu verwenden, wie es häufig geschieht. Durch diese Gleichsetzung wird einerseits der christlichen Mission menschlicher Aktionismus unterstellt, während andererseits die muslimische Werbung eine biblische Legitimation erhält.

Es ist wichtig, die Begriffe zu klären. Das Wort „Mission" (Sendung) kommt zwar als Hauptwort nicht in den biblischen Schriften vor, fasst aber ein Grundthema der biblischen Botschaft zusammen: die Sendung des Wortes Gottes und des göttlichen Geistes in die Menschenwelt.

Der arabisch-islamische Fachausdruck für die muslimische Werbung heißt „Da'wa" (Ruf, Einladung). Dabei geht es um die Aufforderung, Muslime zu werden. Durch diese Begrifflichkeit wird bereits ein wesentlicher Unterschied deutlich. In der christlichen Mission geht es zutiefst um Gottes Sendung, bei der muslimischen Da'wa geht es um eine von Allah angeordnete menschliche Aktivität.

Die biblische Mission

Die Heilige Schrift bezeugt, dass die Mission ihren Ursprung im innersten Wesen Gottes hat. Gott sendet sein Wort und seinen Geist zu den Menschen, um ihre Rebellion zu überwinden und sie in die versöhnte Gemeinschaft mit ihrem Schöpfer zurückzuholen. Der dreifaltige Gott wendet sich in seinem Reden und Handeln den Menschen richtend und rettend zu. Denn in der Mission Gottes geschieht nicht nur Heil, sondern auch Gericht, das heißt Scheidung zwischen Glaube und Unglaube, Heil und Verlorenheit, weil viele Menschen das gnädige Reden und Handeln Gottes ablehnen. In der Mission Gottes geht es um Leben und Tod.

Den Höhepunkt erreichte die göttliche Mission in der Sendung von Jesus Christus, der das „Wort Gottes in Person" ist. „Nachdem Gott vorzeiten vielfach und auf vielerlei Weise geredet hat zu den Vätern durch die Propheten, hat er in diesen letzten Tagen zu uns geredet durch den Sohn ..." (Hebräer 1,1-2). Besonders das Johannesevangelium und die Paulusbriefe bezeugen diese göttliche

Sendung in Jesus Christus. Sie machen deutlich, dass der Weg der göttlichen Mission über das Leiden (die Passion) zum Heil führt. Denn die Sendung durch den Vater war für Jesus zunächst ein „Gesandtwerden" (Passiv!) ins Leiden. Es ist deshalb problematisch, wenn aus dem Passiv (der „Leideform") das Aktiv „Missionieren" gemacht wird. Dadurch wird die göttliche Sendung in menschlichen Aktionismus verkehrt.

Wenn Christen an der göttlichen Mission teilhaben, so liegt das allein an der Berufung durch Jesus Christus. Er nimmt die durch ihn erretteten Menschen auf den Weg seiner Mission mit. „Wie mich der Vater gesandt hat, so sende ich euch" (Johannes 20,21). Aus dem gesandten Jesus wird der Sendende. Die Nachfolger von Jesus sind zunächst die Gesandten (Passiv), bevor sie in der Weltmission Gottes aktiv werden können. Als Gehorsame tragen sie durch ihre Verkündigung und ihr heilsames Tun Gericht und Heil Jesu Christi in die Menschenwelt.

Gott sendet sein Wort und seinen Geist zu den Menschen, um ihre Rebellion zu überwinden und sie in die versöhnte Gemeinschaft mit ihrem Schöpfer zurückzuholen.

Weil es um Tod und Leben geht, gilt Gottes Mission allen Menschen. Deshalb ist sie auch nicht in das Belieben der Kirche gestellt. Sie ist vielmehr ein Befehl des auferstandenen Herrn (Matthäus 28,18-20), weil Gott will, „dass allen Menschen geholfen werde und sie zur Erkenntnis der Wahrheit kommen" (1. Timotheus 2,4). Deshalb wird in der Mission nicht versucht, Menschen für die Kirche oder eine Gemeinde zu gewinnen; es geht vielmehr um die Rettung aus ewiger Verlorenheit.

Das macht die Mission so dringlich und mahnt zum Einsatz aller Kräfte. Weil aber Jesus der Herr der Mission ist, trägt er dafür auch die Verantwortung. Das entlastet seine Boten und gibt ihnen in ihrem Dienst Gelassenheit. Menschen „bekehren" kann allein der Herr durch seinen Geist. Die Teilhaber an der Mission Christi dürfen staunend sehen, was ihr Herr tut.

Aus muslimischer Sicht darf es die christliche Mission eigentlich nicht mehr geben. Sie hatte nur eine vorläufige Berechtigung bis zum Auftreten Mohammeds und zur Offenbarung des Korans als der endgültigen Weisung Allahs. Weil der biblische Glaube durch den Islam Mohammeds überholt worden ist, können Muslime die christliche Mission nur als menschlichen Proselytismus verstehen, das heißt als den eigenmächtigen Versuch, mit materiellen Verlockungen Menschen zu Christen zu machen.

Die christliche Mission unter „Heiden" können Muslime zur Not noch dulden als eine Art Vorbereitung auf den Islam. Dagegen gilt der Versuch als pervers, Muslime vom christlichen Glauben zu überzeugen und damit von der „wahren Religion" wegzulocken. Dieser Versuch gilt als Angriff auf den Islam und muss nach der Scharia mit dem Tod bestraft werden. Entsprechend verfährt man in muslimischen Ländern, in denen das Strafrecht der Scharia gilt.

Die Teilhaber an der Mission Christi dürfen staunend sehen, was ihr Herr tut.

Wo die christliche Mission nicht verboten werden kann, setzen die mit viel Geld aus dem Ölgeschäft ausgestatteten muslimischen Organisationen alles daran, die christliche Mission abzuwürgen, indem sie den Aufbau gut eingerichteter Schulen, Hochschulen, Kliniken, Krankenhäuser, Waisenhäuser usw. finanzieren und großzügige Hilfe für die Armen gewähren.

Die muslimische Werbung

Die muslimische Werbung wird mit einem Befehl Allahs an Mohammed begründet: „Ruf (die Menschen) mit Weisheit und einer guten Ermahnung auf den Weg deines Herrn und streite mit ihnen auf eine möglichst gute Art ..." (Sure 16,125). Diese Anweisung wird als Gebot an alle Muslime verstanden. Der Ruf gilt als umfassend und soll sich an alle Menschen richten. Alle sollen aufgefordert werden, sich auf den „Weg Allahs" zu begeben, das heißt Muslime zu werden.

Der Ruf zum Islam findet seinen umfassendsten Ausdruck in der fünf- bis sechsmal täglich öffentlich ausgerufenen Einladung zum rituellen Gebet. In der Teilnahme am Pflichtgebet beugen sich die Menschen demonstrativ vor Allah und bezeugen ihre Zugehörigkeit zur Umma Mohammeds. Muslimische Verbände setzen sich dafür ein, dass auch in Europa die Einladung öffentlich und per Lautsprecher erfolgt. In muslimischen Ländern geschieht das Hauptgebet am Freitag häufig auf Straßen und Plätzen. Dadurch wird die Werbewirksamkeit verstärkt. Es wirkt eindrücklich, wenn Muslime in Reih und Glied und auf Kommando die gleichen Körperbewegungen vollziehen. Muslime lieben diese Demonstration und sie hat im

Laufe der Geschichte wesentlich zur Verbreitung des Islams beigetragen. Deshalb legen auch in Europa Muslime Wert darauf, dass Nichtmuslime als Zuschauer am rituellen Gebet teilnehmen, zum Beispiel am Tag der offenen Moschee in Deutschland.

In den letzten Jahrzehnten haben muslimische Da'wa-Organisationen viele Methoden der christlichen Mission nachgeahmt. Sie laden zu Vortragsveranstaltungen in öffentliche Räume ein, schulen Muslime im argumentativen Gespräch, bieten in Fußgängerzonen Schriften an, fördern die Koranverbreitung, haben muslimische Rundfunk- und Fernsehsender geschaffen und sind im Internet sehr aktiv. Dabei haben sie mit alten Tabus gebrochen. Der Koran wird jetzt in den Sprachen der Welt verbreitet, wenn der arabische Urtext neben der „Übertragung" steht.

Der Ruf zum Islam findet seinen umfassendsten Ausdruck in der fünf- bis sechsmal täglich öffentlich ausgerufenen Einladung zum rituellen Gebet.

Grundsätzlich sollen Nichtmuslime nicht zur Annahme des Islam gezwungen werden. Dabei beruft man sich auf den Korantext „In der Religion gibt es keinen Zwang" (Sure 2,256). Man ist aber überzeugt, dass der Islam vernünftig ist und jeder einsichtige Mensch ihn gern annehmen würde, wenn ihn nicht gesellschaftliche Rücksichten daran hinderten. In der Praxis drängt man allerdings häufig Nichtmuslime mit psychischem und sozialem Druck zum Übertritt.

Der „Ruf" richtet sich natürlich auch an alle „Namens-Muslime", indem sie aufgefordert werden, zu beten, zu fasten und das Armenopfer zu geben. Da sie zu dieser religiösen Praxis von der Scharia verpflichtet sind, geht hier der Ruf in Zwang über. Wo die Scharia streng angewandt wird, werden Muslime gezwungen, die Riten zu vollziehen. Dies kann besonders für solche Muslime gelten, die den Islam verlassen wollen. Es gibt viele Beispiele dafür, dass „Abtrünnige" zu Gebet und Fasten gezwungen werden. Religionsfreiheit im modernen liberalen Verständnis kann der strenge Islam nicht akzeptieren.

Hier wird deutlich, dass die Da'wa innerhalb einer islamischen Ordnung bzw. eines muslimischen Staates zum Zwang wird. Deshalb kann je nach Situation die Da'wa nicht vom Djihad getrennt werden. Djihad (Eifer, Bemühung) für Allah umfasst alles, was zur Aufrichtung einer weltweiten muslimischen Ordnung bzw. der allmählichen Islamisierung dient. Zum Djihad gehören die Werbung für den Islam ebenso wie der bewaffnete Kampf. Nach der Scharia ist es erlaubt und geboten, nicht muslimische Länder mit Waffengewalt zu erobern und hier eine islamische Ordnung aufzurichten. Zur Begründung wird gesagt, dass in einer nicht muslimischen Gesellschaft die Menschen daran gehindert werden, den Islam freiwillig anzunehmen. Um dieses Hindernis für die Da'wa zu beseitigen, muss eine islamische Ordnung aufgerichtet werden. Hier wird deutlich, wie sehr die Da'wa mithilfe staatlicher Gewalt und Macht gefördert wird.

Diese Verbindung wird auch daran sichtbar, dass sich Nichtmuslime in manchen muslimischen Ländern an islamische Vorschriften halten müssen, zum Beispiel im Blick auf Kleidung und Essen (im Fastenmonat Ramadan) in der Öffentlichkeit. Dadurch werden Nichtmuslime einem permanenten Druck ausgesetzt, zum Islam überzutreten. Unter der muslimischen Ordnung ist nur die Werbung für den Islam erlaubt, die christliche Mission jedoch verboten.

Christen, die davon überzeugt sind, dass Jesus „der Weg und die Wahrheit und das Leben" ist (Johannes 14,6), können die Da'wa nicht begrüßen, weil sie ein Angriff auf das Herrsein Jesu Christi ist. Allerdings werden sie nicht nach staatlichen Verboten rufen können, weil sie sich damit auf die muslimische Ebene der Verquickung von Religion und Macht begeben würden. In säkularen Gesellschaften muss der Staat entscheiden, wann die Da'wa die Grenzen der Freiheit überschreitet, was vor allem dann der Fall ist, wenn die Da'wa Gewaltmittel zu Hilfe nimmt.

Wo die Scharia streng angewandt wird, werden Muslime gezwungen, die Riten zu vollziehen.

Die christliche Antwort auf die Da'wa kann nur das Zeugnis von Jesus Christus sein – in der alltäglichen Begegnung und durch die heute zur Verfügung stehenden Medien. Dieses Zeugnis ist auf das begleitende Gebet angewiesen. Denn nur Gott kann durch seinen Geist dem Evangelium in den Herzen und Köpfen von Muslimen zum Durchbruch verhelfen. Nur Gott kann die Einsicht bewirken, dass die Da'wa „Steine statt Brot" anbietet. Sie verkündigt eine religiöse Ideologie, die auf den ersten Blick zwar beeindruckend sein mag, aber dem Menschen nicht geben kann, was er im Tiefsten nötig hat: die Versöhnung mit Gott.

15. Wie wirkt Gott heute unter Muslimen?

Für die meisten Zeitgenossen ist das eine abwegige Frage. Auch für humanistisch denkende Christen stellt sie sich nicht. Fromme Muslime haben dagegen eine Antwort. Sie sind überzeugt, dass Gott bzw. Allah die Muslime durch den Koran und die Traditionen aufruft, bessere Muslime zu werden und dem Bösen zu widerstehen. Ganz anders antworten Christen, für die das Evangelium eine gute Nachricht für Muslime ist. Sie wollen wissen, auf welche Weise Muslime heute Jesus Christus als ihren Retter kennenlernen und ihr Leben ihm anvertrauen.

Zunächst ist zu sehen, dass die muslimische Welt heute für die Verkündigung des Evangeliums nicht mehr verschlossen ist. Globalisierung und Medienrevolution haben den Zugang zu den muslimischen Massen geöffnet. Die Weltmission geschieht heute überall, mit vielen Methoden und durch Christen aus allen Kontinenten. Es gibt keine „verschlossenen Länder" und „unerreichten Gebiete" mehr. Einheimische Christen, die in muslimisch dominierten Ländern leben, sind häufig aktive Zeugen für Christus. Gemeinden und Kirchen in Ländern, in denen es viele an Christus gläubige Menschen gibt (zum Beispiel Brasilien, Südkorea, Philippinen, Südafrika), senden Missionare in die muslimische Welt. Christliche Missionare sind heute nicht mehr mit Menschen aus dem Westen identisch, sondern kommen aus aller Welt. Die meisten sind keine „Berufsmissionare", sondern Wanderarbeiter, Flüchtlinge, Geschäftsleute, Botschaftspersonal,

Wissenschaftler usw. Oft sind sie mutiger und selbstbewusster in ihrem Bekenntnis als die traditionellen Missionare aus dem Westen. Ihr Glaubenszeugnis wird unterstützt durch die klassischen Medien (Schriften, Radio, Kassette, Film) und durch die neuen Medien Satelliten-Fernsehen und Internet. Jeder Muslim kann heute Zugang zum Evangelium haben.

Die modernen Medien machen es aber auch möglich, den Islam anonym in Frage zu stellen. Das trifft den Islam in seinem Zentrum, denn die meisten Muslime wissen sich anderen Religionen und Kulturen überlegen. Sie meinen, dass nur Koran und Hadith richtig überliefert sind und der Islam deshalb das beste Fundament für Glauben und Leben hat. Kritische Rückfragen, Selbstzweifel und Selbstkritik sind bis heute weitgehend tabu – jedenfalls in der Öffentlichkeit.

Viele Muslime können Fernsehsendungen über Satellit sehen und im Internet surfen.

In Kopf und Herz sieht es oft anders aus. Durch die Schulbildung haben heute junge Muslime Zugang zu Schriften, die den Islam kritisch beleuchten. Viele Muslime können Fernsehsendungen über Satellit sehen und im Internet surfen. In diesen neuen Medien kann der Islam unzensiert infrage gestellt werden. Die Globalisierung macht auch Muslimen zu schaffen und verunsichert viele, auch wenn sie es nicht zugeben. Die einen werden offen für Alternativen zum Islam, während die anderen radikal und fanatisch werden. Die Verunsicherung vieler Muslime hat in den letzten Jahrzehnten zu einer Zunahme von Fanatismus und Terrorismus geführt; eine wachsende Zahl hat aber auch zum Glauben an Jesus Christus gefunden.

Noch gravierender ist es, dass auch unter Muslimen die moralischen Dämme brechen. Der Einfluss von Pornografie und Sexismus, ebenfalls durch die neuen Medien verbreitet, macht vor Muslimen nicht halt. Zwar werden die hohen gesellschaftlichen und religiösen Schutzwälle noch gewaltsam verteidigt, aber hinter den Kulissen rumort es gewaltig. Auch Muslime begehen Ehebruch oder werden abhängig von Alkohol und Drogen. Das ist wider den Islam und immerhin schämen sich viele der so lebenden Muslime noch ihrer Sünde. Die muslimischen Sittenwächter können ihnen nur das Gesetz vorhalten und mit dem Gericht Allahs drohen. Tatsächlich kehrt manch einer unter der Verkündigung radikaler Prediger um und wird ein fanatischer Muslim. Andere aber sehnen sich nach Befreiung und innerer Erneuerung, wie sie nur Jesus Christus durch seinen Geist bewirken kann.

Gott hat viele Möglichkeiten, auch selbstgerechte oder in Sünde gefallene Muslime zur Freiheit der Kinder Gottes zu rufen. Anlass zu ersten Schritten im Glauben sind die Begegnung mit überzeugenden Christen, die Erfahrung von Liebe in schwierigen Lebenssituationen, die Überzeugungskraft des Wortes Gottes und das Reden Gottes durch Träume, Zeichen und Wunder. Der Weg zur Gewissheit des Glaubens ist allerdings oft lang. Erfahrene Christen, christliche Zellgruppen und Gemeinden sind als Wegbegleiter gefragt. Vieles spielt sich abseits der Öffentlichkeit im „Untergrund" ab. In muslimischen Ländern, in denen es keine organisierten christlichen Kirchen gibt, entstehen kleine Zellen, Gruppen und Gemeinden von Christen, die sich aus dem Islam zu Jesus bekehrt haben. Sie erfahren allerdings vielfach Vorurteile, Misstrauen, Bedrängnis, Ausgrenzung, Verhöre, Haft bis hin zum Tod. Was seinerzeit den ersten Christen widerfuhr, erleben die neuen Jünger von Jesus auch.

In einigen Ländern sind in den letzten Jahren darüber hinaus unter Muslimen „Jesus-Bewegungen" entstanden. Sie knüpfen daran an, dass im Islam Jesus (Isa) als Prophet und Gesandter Allahs verehrt wird. In diesen Bewegungen studieren Muslime die koranischen Aussagen über Isa und Allah und vergleichen sie mit den biblischen Aussagen. In einem ersten Schritt in Richtung biblischer Glaube erfahren diese „suchenden" Muslime den Jesus der Evangelien und den von der Bibel bezeugten Gott als eine Art „Ergänzung" und „Bereicherung" ihres muslimischen Glaubens. Sie wollen „Jesus nachfolgen" – was immer das konkret in diesem Stadium

Anlass zu ersten Schritten im Glauben sind die Begegnung mit überzeugenden Christen, die Erfahrung von Liebe in schwierigen Lebenssituationen, die Überzeugungskraft des Wortes Gottes und das Reden Gottes durch Träume, Zeichen und Wunder.

heißen mag. Vielleicht fangen sie an, sich im Gebet an Jesus zu wenden – ein für den orthodoxen Islam undenkbarer Vorgang. Denn die „Jesus-Muslime" bewegen sich noch im Raum der Moschee und bekennen sich zu Mohammed.

Es ist offensichtlich, dass die Jesus-Bewegungen eine Verwirklichung des Konzeptes der *„Emerging Church"*-Bewegung sind. Die hier engagierten Christen wollen eine bestimmte nicht christliche Gesellschaft nicht mit evangelistischen Aktionen „von außen" erreichen, sondern mit langatmigem Dienst und Zeugnis „von innen" verändern. Sie ersetzen die konfrontative Evangelisation mit dem Ruf zur Bekehrung durch ein Wirken innerhalb der Gesellschaft. Im Rahmen sozialer Initiativen machen sie die involvierten Menschen behutsam mit dem Evangelium bekannt. Sie erwarten, dass viele der so erreichten Personen sich langsam für den Jesus-Glauben öffnen, sich in Zellen von Jesus-Nachfolgern sammeln und schließlich Gemeinden gründen. Der englische Ausdruck „*emerging church*" besagt, dass eine Gemeinde sich langsam innerhalb einer bestimmten Gesellschaft entwickelt und in dieser Gesellschaft verwurzelt bleibt.

Sowohl die *Emerging-Church*-Bewegung als auch die Jesus-Bewegungen innerhalb muslimischer Gesellschaften sind verständlicherweise in christlichen Kreisen, denen die Verkündigung des Evangeliums unter Muslimen am Herzen liegt, umstritten. Die Gefahren sind denn auch offensichtlich. Wer garantiert denn, dass bei einer konkreten „Gemeindeentwicklung" sich das Evangelium schrittweise durchsetzt und am Ende eines längeren Prozesses eine Gemeinde im Sinne des Neuen Testamentes gewachsen ist? Besteht nicht die Gefahr, dass solch ein Projekt auf halbem Wege ins Stocken gerät und das Ergebnis eine Gruppe ist, in der soziale Aktion mit etwas Evangelium „angereichert" ist? Solche Gemeinden haben wir im Grunde bereits zur Genüge. Die *Emerging-Church*-Bewegung hat zwar das Ziel, geistlich reife Gemeinden zu gründen, die in einem längeren Prozess innerhalb einer Gesellschaft wachsen. Gott mag es schenken, dass dieses Ziel erreicht wird. Die Gefahr der „Vermischung" und „Verwässerung" zwischen Kultur und Evangelium ist jedoch offensichtlich. Es ist zu früh, darüber ein Urteil zu fällen. Es mag positive und negative Beispiele geben.

Dies gilt genauso für die Jesus-Bewegungen im Raum des Islams. Es ist derzeit zu früh, konkrete Beispiele und verlässliche Zahlen zu nennen. Dafür sind die Dinge noch zu sehr in Bewegung und nicht ausgereift. Die Gefahr ist, dass die Jesus-Bewegungen im Islam bleiben. Der Islam hat sich in seiner Geschichte sehr flexibel gezeigt, neue Bewegungen in sich aufzunehmen, zum Beispiel den Sufismus. Der Islam ist von Haus aus synkretistisch (verschiedene Glaubenstraditionen vermengend) und zeigt sich sehr flexibel, solange Allah und Mohammed als Fundament des Glaubens anerkannt werden. Es ist deshalb zu wünschen und von Gott zu erbitten, dass sich die Jesus-Bewegungen in Richtung auf den ganzen biblischen Glauben und in die Gemeinschaft der vollen geistlichen Gemeinschaft mit anderen Christen entwickeln. Das wird allerdings eine Absage an Mohammed und an das koranische Verständnis von Allah nötig machen.

Zurzeit ist nur mit Gewissheit zu sagen, dass in den letzten Jahrzehnten ein Durchbruch in der christlichen Verkündigung unter Muslimen erfolgt ist und in Algerien, Bangladesch, Iran, Marokko, Türkei und Zentralasien neue Gemeinden aus bekehrten Muslimen entstanden sind – teilweise erstmals in der Geschichte. Das ist eine große Ermutigung, aber auch eine Herausforderung an die europäische Christenheit, ihre neuen Brüder und Schwestern in Fürbitte und praktischer Solidarität zu unterstützen.

Begriffserklärungen

Allah	(der eine) Gott
Al-Qaida	„die Basis", Terrororganisation
Da'wa	„Ruf", „Einladung" zum Islam
Derwisch	Mitglied eines Sufi-Ordens
Djihad	„Eifer", „Einsatz", „Kampf" für Allah
Djihadismus	Ideologie des permanenten Kampfes (für Allah)
Fundamentalismus	(Ideologie des) Festhaltens an den Grundlagen
Hadith	„Überlieferung" eines Ausspruchs oder einer Handlung Mohammeds und seiner Gefährten
Haus des Islam	der Raum muslimischer Herrschaft
Imam	„Leiter" des rituellen Gebets, der muslimischen Gemeinschaft
Integrismus	(Ideologie der) Verschmelzung von Religion und Politik
Islam	„Hingabe" an Allah, „Unterwerfung" unter Allah
Islamismus	(Ideologie) des politischen Islams
Kalif	„Nachfolger" Mohammeds als Leiter der Umma
Koran	„Rezitation"
Mahdi	der von Allah „Rechtgeleitete", endzeitliche Heilsbringer
Muslim	ein Allah „Hingegebener", „Unterworfener"

Qital	sich gegenseitig „töten", bewaffneter Kampf
Salafismus	Ideologie der „Rückkehr zu den Altvorderen" des Islams
Scharia	„Weg", Summe muslimischer Rechtsvorschriften
Schiiten	„Parteigänger" der Familie Alis, des nächsten männlichen Verwandten Mohammeds und vierten Kalifen
Sufi	Anhänger islamischer Mystik, Askese und Ekstase
Sunna	„Gewohnheit", Lebensweise Mohammeds
Sunniten	Verfechter der Sunna
Sure	Textabschnitt (im Koran)
Umma	„Volk", „Nation", „Staat", die muslimische Weltgemeinschaft

Literaturhinweise

Hamed Abdel-Samad, Der islamische Faschismus. Eine Analyse, München 2014

Rita Breuer, Im Namen Allahs? Christenverfolgung im Islam, Freiburg 2015

Rainer Hermann, Endstation Islamischer Staat? Staatsversagen und Religionskrieg in der arabischen Welt, München 2015

Manfred Kleine-Hartlage, Das Dschihadsystem. Wie der Islam funktioniert, Gräfelfing 2010

Tilman Nagel, Angst vor Allah? Auseinandersetzungen mit dem Islam, Berlin 2014

Tilman Nagel, Mohammed. Leben und Legende, München 2008

Christine Schirrmacher, „Es ist kein Zwang in der Religion" (Sure 2,256): Der Abfall vom Islam im Urteil zeitgenössischer islamischer Theologen. Diskurse zu Apostasie, Religionsfreiheit und Menschenrechten, Würzburg 2015

Guido Steinberg, Kalifat des Schreckens. IS und die Bedrohung durch den islamistischen Terror, München 2015

Bassam Tibi, Fundamentalismus im Islam. Eine Gefahr für den Weltfrieden, Darmstadt 2000, 3. ergänzte Aufl. 2002

Eberhard Troeger, Der Islam bei uns. Ängste und Erwartungen zwischen Christen und Muslimen, Gießen 2007

Eberhard Troeger, Die Herausforderung des Islam. Ausgewählte Aufsätze, Evangelium und Islam 5, Nürnberg 2007

Udo Ulfkotte, Heiliger Krieg in Europa: Wie die radikale Muslimbruderschaft unsere Gesellschaft bedroht, Frankfurt/M. 2007

Julius Wellhausen, Buch der Schlachten des Propheten, Übersetzung von Al-Waqidi, Kitab al-Maghazi, 1882, http://openlibrary.org/b/OL23320848M/Muhammed_in_Medina

Marjon van Dalen

Kalifat oder Tod

*Ein Boko-Haram-Kämpfer
begegnet Jesus*

112 Seiten, Taschenbuch
ISBN 978-3-7655-4293-0 (Buch)
ISBN 978-3-7655-7404-7 (E-Book)

Bis heute ist er auf der Flucht vor der Terrororganisation: Bahdri, der ehemalige Kämpfer, der Boko Haram verlassen hat. Jesus ist ihm dreimal im Traum erschienen und hat ihn zu sich gerufen. Dennoch fühlt er sich als Getriebener. So viel Blut klebt an seinen Händen. Kann er jemals Frieden finden? Eines Tages begegnet ihm Habila Adamu, der einen Anschlag der Terrormiliz überlebt hat. Habila hat seinen Feinden vergeben. Kann er Bahdri helfen?

Marjon van Dalen (45), niederländische Journalistin, hat mit ihrer Familie sieben Jahre in Asien gelebt, unter anderem in Pakistan. Für dieses Buch reiste sie nach Nigeria, um überlebende Opfer und ehemalige Täter zu treffen.

LChoice App
kostenlos laden,
dann Code scannen
und ganz einfach
beim Buchhändler
Ihrer Wahl bestellen

LChoice

BRUNNEN VERLAG GIESSEN
www.brunnen-verlag.de

Tom Doyle/Greg Webster

Träume und Visionen

*Wie Muslime heute Jesus erfahren –
23 wahre Geschichten*

240 Seiten, Taschenbuch
ISBN 978-3-7655-4210-7 (Buch)
ISBN 978-3-7655-7108-4 (E-Book)

Unbemerkt von der Weltöffentlichkeit vollzieht sich in der muslimischen Welt eine unvergleichliche Bewegung: Muslime erzählen, dass Jesus ihnen in Träumen oder Visionen erschienen ist und sie in seine Nachfolge gerufen hat. Das sind keine verstreuten Einzelerfahrungen. Nach Einschätzung der Autoren berichten etwa 25 % der Konvertiten davon, dass sie Jesus so kennengelernt haben. Viele Konvertiten gehen mit ihrem Glaubenswechsel ein hohes Risiko ein. Tom Doyle kennt alle Personen, von denen er erzählt, persönlich. Ein atemberaubender Bericht.

LChoice App
kostenlos laden,
dann Code scannen
und ganz einfach
beim Buchhändler
Ihrer Wahl bestellen

BRUNNEN VERLAG GIESSEN
www.brunnen-verlag.de